_____ 님께 드립니다.

_____년 _____월 _____일

_____

Morning

– 질문하면 달라진다 –

Question

질문하면 달라진다_모닝 퀘스천

초판 1쇄 발행 2023년 7월 27일
초판 2쇄 발행 2023년 8월 22일

지은이 이민규

펴낸이 김찬희
펴낸곳 끌리는책
출판등록 신고번호 제25100-2011-000073호
주소 서울시 구로구 연동로11길 9, 202호
전화 영업부 (02)335-6936 편집부 (02)2060-5821 팩스 (02)335-0550
이메일 happybookpub@gmail.com

페이스북 페이지 facebook.com/happybookpub/
네이버 블로그 blog.naver.com/happybookpub

ISBN 979-11-87059-86-8 03190
값 18,000원

Morning
── 질문하면 달라진다 ──
Question

이민규(심리학 박사) 지음

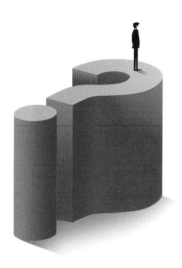

끌리는책

In this universe

we are given two gifts:

The ability to love,

and the ability to ask questions.

– Mary Oliver

이 우주가

우리에게 준 두 가지 선물:

사랑하는 힘 그리고 질문하는 힘.

-메리 올리버

세상엔 열심히 사는 사람들로 가득 차 있고 부지런한 사람들로 넘쳐난다. 하지만 안타깝게도 그들 대부분은 원하는 것을 이루지 못한다. 그들에겐 한 가지 공통점이 있다. 그냥 열심히만 산다는 것이다. 학생들 역시 '그냥 열심히 공부하다 보면 나중에 어떻게 되겠지' 하면서 그냥 열심히 공부한다. 그래서 나는 내 학생들에게 늘 강조했다. "이 세상에서 말과 글로 표현할 수 있는 가장 무책임한 단어는 '그냥'이고, 두 번째로 무책임한 단어는 '어떻게 되겠지'이다." 이런 무책임한 삶에서 벗어나는 방법은 의외로 간단하다. 간간이 하던 일을 멈추고 자기 자신에게 질문하는 것이다.

공부하는 학생이라면 이런 질문을 할 수 있다. '이 내용을 어떻게 활용할 수 있을까?' 승진하고 싶은 직장인이라면 이렇게 자문할 수 있다. '회사는 왜 다른 사람이 아니라 나를 승진시켜야 하지?' 문전성시를 이루고 싶은 식당 주인이라면 자신에게 이렇게 물을 수 있다. '고객들이 우리 식당을 찾을 수밖에 없는 우리만의 차별화된 서비스는 무엇일까?' 그냥 열심히만 사는 사람들과 이렇게 가끔 하던 일을 멈추고 질문하며 사는 사람들, 5년과 10년 후의 삶이 같을까? 다를까? 그건 물어볼 필요가 없다.

세상에서 가장 중요한 질문

어제와 다른 내일을 살고 싶은가? 변화와 성장을 원하는가? 그렇다면 어디서 누구와 무슨 일을 하든, 자기 자신에게 질문할 시간을 가져야 한다. 이렇게 질문을 하며 살아야 하는 데는 몇 가지 이유가 있다. 첫째, 질문은 언제나 답보다 중요하고 질문하는 자는 답을 피할 수 없기 때문이다. 둘째, 질문이 없다는 것은 생각이 없다는 것이고, 생각 없이 살게 되면 그냥 되는 대로 살게 된다. 셋째, 세상에서 가장 중요한 질문은 바로 자기 자신에게 하는 질문이기 때문이다. 자기 자신에게 질문하며 사는 것은 왜 중요할까?

우리는 궁금할 때 대부분 내가 아닌 다른 누군가에게 묻는다. 부모나 교사일 수도 있고 최근 열풍을 일으키고 있는 챗 GPT일 수도 있다. 그런데 가장 중요한 '우리 자신의 삶에 관한 질문'은 누구에게 해야 할까? 어떤 누구도 아니고 바로 자신에게 해야 한다. 왜냐하면 사람들은 아무리 좋은 해결책을 얘기해줘도 남이 한 말은 잘 듣지 않으며, 자기가 찾아낸 답을 가장 신뢰하고 자기 말을 가장 잘 따르기 때문이다. 자기 자신에게 질문을 던지면서 하루를 시작하면 세 가지 측면에서 변화와 성장이 시작된다.

첫째, 목적 지향의 삶을 살게 된다. 자신에게 질문을 던지면 유혹에 휘둘리지 않고 질문과 관련한 중요한 일부터 먼저 하게 된다. 질문은 사람이 만들지만, 일단 질문이 만들어지면 질문이 사람을 이끈다.

둘째, 책임감과 자존감이 높아진다. 자신에게 질문을 던지고 답을 찾아가면서 산다는 것은 주도적인 삶을 산다는 것이고, 자기 삶을 자신이 선택하고 자기의 선택에 대해 스스로 책임을 진다는 의미다.

셋째, 다양한 해결책을 찾게 된다. 자기 자신에게 질문을 던지면 문제의 핵심을 더 깊이 이해하게 되고, 그에 대한 답을 찾기 위해 끊임없이 정보를 수집하기 시작한다. 그 과정에서 창의적인 아이디어와 새로운 해결책을 만들어낼 수 있다.

인간의 뇌는 참으로 놀라운 능력을 갖추고 있다. 우리 자신에게 질문을 던지면, 그 순간 뇌는 고도로 정밀한 안테나를 세워 필요한 정보를 수집하기 시작한다. 그리고 표적을 쫓는 미사일의 자동유도장치처럼 답을 탐색한다. 질문에 대해 생각할 때뿐만 아니라 놀거나 쉬거나 심지어 잠을 잘 때까지도…. 그러니까 우리 자신에게 질문을 던지면, 우리 내부는 즉시 변화의 스위치가 켜지고 성장을 시작한다.

세상의 모든 위대한 발견과 문명의 진화는 모두 질문에서 시작되었다. 플라톤과 아리스토텔레스는 '해안에서 바라본 지평선이 왜 직선이 아니고 곡선일까?'라는 질문을 통해 지구가 평면이 아니라 둥글다는 사실을 확인했다. 뉴턴은 '사과가 왜 위에서 아래로 떨어지지?'라고 질문하면서 만유인력을 발견했다. 제너는 '소를 키우는 목장에서 일하는 여자들은 왜 천연두에 걸리지 않지?'라는 질문을 통해서 종두법을 개발했다. 스마트폰과 챗 GPT의 발전 역시 개발자들의 소박한 질문에서 시작됐다.

아침 질문이 인생을 바꾼다

1995년 난생처음 쓴 《생각을 바꾸면 세상이 달라진다》라는 책도 질문 하나로 시작됐다. 서울대학교에서 심리학 개론 강의를 하던 어느 날 이런 생각이 들었다. '이 재미있고 유익한 내용을 일반인들도 알면 좋을 텐데, 어떻게 하면 좋을까?' 그 질문 끝에 얻은 답으로 나는 심리학 대중서를 써야겠다고 결심했다. 오랜 준비 끝에 출간한 그 책은 나오자마자 베스트셀러가 되었다. 그리고 그 책 제목은 당시 경찰서나 시청 같은 여러 관공서 입구에 현수막으로 내걸렸다.

나는 주로 아침 출근길에 운전하면서 나 자신에게 질문을 많이 하는데, 주로 이런 식이었다. '오늘은 수업을 시작하기 전에 교재에 없는 무엇을 학생들에게 가르쳐줄까?' 이런 질문을 통해 수업을 듣는 학생들끼리 반갑게 인사하게 하면서 인사의 중요성을 알려주기도 하고, 부모님께 표현하지 못한 감사의 마음을 문자로 보내도록 제안하기도 했다. 나 자신에게 던진 그런 질문을 통해 구상한 특별 프로젝트 자료들이 모여 나중에 《실행이 답이다》, 《표현해야 사랑이다》, 《하루 1%》 같은 책으로 출간되었다.

'인간관계를 잘 풀어가는 사람들은 무엇이 다를까?'라는 질문을 던지며 썼던 책은 《끌리는 사람은 1%가 다르다》였고, '공부에 지친 제자들을 응원하고 용기를 줄 방법은 없을까?'라는 질문에서 출발했던 책은 《지치지 않는 힘》이다. 결국, 내가 집필한 모든 책은 나 자신에게 질문을 던지면서 누군가에게 도움이 되고자 고민하며 쓴 결과들이다. 그리고 그런 책의 출간은 수많은 기업 강의로 이어졌다. 도서 출간뿐 아니라 전공 선택과 대학원 진학 및 내 인생의 모든 전환점은 나 자신에게 던진 질문에서 비롯되었다.

이 책도 사실은 '누구보다 열심히 사는 거 같은데 아무것도 나아지는 게 없다'는 어느 독자의 메일을 받고 '어떻게 하면 이분을 도와줄 수 있을까?' 질문한 것이 계기가 되었다. 그리고 그동안 내가 경험한 아침 질문의 위력을 독자들과 함께 공유하고 싶은 마음을 더해 이 책을 쓰게 되었다. 나 자신에게 하는 질문은 내가 하는 일뿐 아니라 가족 간의 관계 개선과 내 삶의 질을 변화시키는 데도 큰 도움이 되었다. 자신에게 던진 이런 질문들을 통해 나는 조금씩, 아주 조금씩 좋은 쪽으로 달라지고 성장할 수 있었다.

이 책의 공동 저자가 되어주기를…

이 책은 처음부터 끝까지 순서대로 읽어도 좋고 마음 내키는 대로 아무 쪽이나 펼쳐서 읽어도 좋고, 차례에서 두 글자 키워드를 보면서 끌리는 주제를 하나씩 읽어도 좋다. 그리고 하루에 한 주제씩 읽으며 '모닝 퀘스천 ○○일 챌린지'를 시도해도 좋다.

어떤 순서로 읽건 금쪽같은 시간을 투자해서 이 책을 읽기로 결심했다면 그냥 수동적으로 읽으면 안 된다. 반드시 펜을 들고 읽기 바란다. 책을 읽다가 새겨두고 싶은 내용이 나오면 밑줄을 긋고 별표나 느낌표 등 자기만의 기호로 흔적을 남겨보라. 읽으면서 떠오른 생각이나 실천하고 싶은 결심은 즉시 책의 여백에 적어두라. 〈Morning Question〉 아래의 여백에는 책에 나온 질문에 대한 답을 찾아 적어보거나 나만의 질문을 만들고 그에 대한 답을 찾아 기록해도 좋다.

그리고 〈Today's Review〉에는 질문과 관련해서 실천할 To do list를 작성해도 좋고, 하루를 돌아보면서 기억해두고 싶은 내용을 메모해도 좋다. 아니면 본문 내용 중 인상 깊거나 머릿속에 담아두고 싶은 내용을 필사해도 좋다. 다만 어떤 식으로 읽건 책을 읽고 난 다음에는 그날 안으로 작은 일 한 가지라도 실천하길 바란다. 실천하지 않으면 아무것도 달라지지 않기 때문이다.

또 책을 다 읽은 후에는 자신이 남긴 흔적을 다시 한번 훑어보면서 자신에게 어떤 변화가 일어나고 있는지 생각할 시간을 가져보라. 그러면 이 책은 진정 여러분의 소유가 될 것이고, 여러분은 저와 함께 이 책의 공동 저자가 될 것이다. 독자 여러분 모두 이 책을 통해 이전보다 더 행복하고 성공적인 삶을 살아가면서 세상에 선한 영향력을 많이 끼칠 수 있기를 소망한다.

저자 이민규

1장 성장을 자극하는 질문

2장 생각을 바꾸는 질문

3장 관계가 좋아지는 질문

4장 자아실현을 위한 질문

성장을 자극하는 질문

질문은
우리가 상상하는 것 이상으로
강력한 도미노 효과를 유발한다.
- 앤서니 라빈스

어제와 다른 삶을 살고 싶다면

현재의 나는 바로 나 자신이 만든 것이다. 그래서 현재 상태가 만족스럽지 못하다면 '내가 해온 생각과 행동이 앞으로도 지속할 가치가 있는가?'라고 자문해봐야 한다. 그렇지만 지난 일을 돌아보는 데 너무 많은 에너지를 소모해서는 안 된다. 현재에 최선을 다할 수 없고 결과적으로 얻을 수 있는 것도 별로 없기에 그렇다.

대신, '이제부터 할 수 있는 일이 무엇일까?'라는 질문을 수시로 던져야 한다. 그리고 지금까지와는 다른 방식으로 생각하고 행동해야 한다. 왜냐하면 우리가 겪는 문제들은 문제가 생긴 당시의 방식으로는 해결이 불가능하며, 다르게 생각해야 다른 것을 얻을 수 있기 때문이다.

> 현재 위치가 소중한 것이 아니라
> 가고자 하는 방향이 소중하다.
> ─올리버 웬델 홈즈

어제보다 나은 내일을 만들기 위해 지금 나에게 어떤 질문을 해
볼까?

너무 늦은 때란 없다

현재에 만족하지 못하는 사람들은 오늘과 다른 내일을 갈망한다. 그런데도 그들 대부분은 지금까지와는 다른 방식으로 살려고 시도하지 않는다. 대신 그에 대한 한 꾸러미의 변명 목록을 가지고 다닌다.

나이가 들면서 사람들이 가장 흔히 내세우는 변명은 '나이가 너무 많다'는 것이다. 그런데 정말 나이 때문일까? 정신과 의사 알프레드 아들러는 "인간은 자신의 입장을 선택함으로써 운명을 변화시킬 수 있다."라고 했다. 그가 설립한 비엔나 청소년 상담 센터 입구에는 이런 격문이 붙어 있다. "너무 늦은 때란 결코 없다! It's Never Too Late!"

아무리 나이를 먹었다 해도
배울 수 있을 만큼은 충분히 젊다.
─ 아이스큐로스

너무 늦었다고 포기한 일 중에 지금이라도 시작해보고 싶은 일
은 무엇인가?

정신없이 일하는 대신

록펠러 재단의 설립자 록펠러는 직원들에게 이런 말을 자주 했다. "정신없이 일하는 대신 가끔 넥타이를 풀고 책상에 발을 편히 올리고 이렇게 자문하라. 더 많은 돈을 벌기 위해 지금 내가 할 수 있는 일은 무엇인가?"

부자들은 이 질문을 자신에게 던지고 어떻게 하면 자기가 하고 있는 일에서 성과를 낼 수 있는지 끊임없이 고심하면서 이 질문에 관한 답을 찾는 데 많은 시간을 투자한다. 반면 가난한 사람들은 이런 활동에 거의 시간을 쓰지 않는다.

나에게는 여섯 명의 정직한 하인이 있다.
그 하인들이 내가 알고 있는 모든 것을 주었다.
그들의 이름은 '무엇', '왜', '언제', '어떻게', '어디에서', '누구'이다.
— 러디어드 키플링

10년 후 미래를 위해 지금 내가 해야 할 일은 무엇인가?

매일

잠에서 깬 5분, 잠들기 전 5분

잠에서 깬 5분이 그날 하루를 결정하고, 잠들기 전 5분이 다음 날 아침을 결정한다. 하루를 감동하면서 시작하고, 감사하면서 마무리하자. 잠들기 전 5분과 잠에서 깬 후 5분이 인생을 바꾼다.

"아, 일어나기 싫어." "또 지겨운 하루가 시작되는구나."처럼 아침을 짜증으로 맞이하는 사람은 불행하고, "오늘도 무사히 하루를 보냈네!" 하면서 감사하는 마음으로 하루를 마무리하는 사람은 행복하다. 하루하루를 감동으로 시작하고, 감사로 마무리하자.

나는 매일 아침 일어나면
"오늘 할 수 있는 일이 뭘까?"라고 생각했다.
그리고 저녁에 잠자리에 들 때는 "내가 그것을 했는가?"라고 자문했다.
— 벤자민 프랭클린

오늘은 어떤 생각으로 하루를 시작하고 어떤 마음으로 하루를
마무리할까?

Today's Review

오늘 밤 12시가 되기 전에

엘리자베스 퀴블러 로스는 《인생수업》의 말미에 이렇게 적었다. "생의 마지막에 이르러 사람들은 많은 배움을 얻지만 대개 그 배움을 실천하기에는 너무 늦다. 생의 마지막 순간에 간절히 원하게 될 것, 그것을 지금 하라!"

모든 위대한 성취에는 반드시 첫 번째 작은 시작이 있다. 오늘이 바로 생의 마지막 날이라 생각하고 오늘 안으로 실천할 수 있는 작은 일 하나를 찾아보라. 그리고 밤 12시가 되기 전에 실천하라!

내가 헛되이 보낸 오늘은
어제 죽은 이가 그토록 살고 싶어했던 내일이다.
– 소포클레스

의미 있는 삶을 위해 오늘 밤 12시가 되기 전 실천하고 싶은 일은
무엇인가?

하루에 가장 많이 하는 생각

우리가 지금 느끼고 있는 것이 행복이든 불행이든 그것은 과거의 산물이다. 만약 '나는 왜 이 모양일까?'라고 후회한다면 그것은 후회할 일에 많은 시간을 사용했기 때문이다. 반면에 '아, 행복해!'라는 느낌을 갖는다면 행복을 느낄 수 있는 일에 시간을 더 많이 투자한 결과다.

여러분 주변의 누군가가 어떤 사람인지 알고 싶다면 그 사람이 무엇을 하면서 하루를 보내는지 관찰해보면 된다. 만약 투덜거리는 일로 대부분의 시간을 보낸다면 그 사람은 '불만이 많은 사람'이다. 또 뭔가 생산적인 일을 하면서 하루의 대부분을 보낸다면 그는 '생산적인 사람'이다.

우리는 우리가 대부분 시간에 생각하는
바로 그런 사람이 된다.
– 윌리엄 제임스

나는 주로 어떤 생각을 하면서 하루를 보내는가?

사람들이 나를 대하는 태도

나를 대하는 다른 사람들의 태도가 마음에 들지 않는다면, 나는 나 자신을 어떻게 대하고 있는지 살펴봐야 한다. 누군가가 우리를 함부로 대한다면 그 책임의 일부는 우리 자신에게 있다. 스스로를 불쌍하게 여기면 불쌍한 사람이 되고, 스스로를 사랑스럽게 여기면 사랑스러운 사람이 된다.

자신에게 불만이 많으면 세상 사람들이 못마땅하게 느껴진다. 그러면 당연히 사람들도 나를 못마땅하게 생각한다. 반면 자신에 대해 너그러우면 다른 사람들에게도 너그러워진다. 그래서 세상 사람들도 나를 너그럽게 대한다. 세상이 우리를 대하는 태도는 우리가 우리 자신을 대하는 태도를 거울처럼 반영한다.

자신을 존중하라,
그러면 다른 사람들도 그대를 존중할 것이다.
─ 공자

자기애가 충만하고 자존감이 높은 사람의 특징은 무엇일까?

무엇을 먼저 보는가

같은 창을 바라보면서 어떤 사람은 유리창에 내려앉은 뿌연 먼지를 들여다보고, 어떤 사람은 창 너머 아름다운 석양을 바라본다. 먼지 낀 유리창을 볼 것인지 아름다운 석양을 볼 것인지, 그 선택은 순전히 자신의 몫이다.

자기 몸을 보고 짜증 내는 사람은 늘어난 뱃살에만 안달할 뿐, 자기가 잘 먹고 잘 살고 있다는 사실은 중요하지도 감사하지도 않다. 마찬가지로 "허구한 날 청소만 해야 하나?"라고 투덜거리는 주부는 청소해야 하는 집이 있다는 사실을 잊고 살기에 감사할 수도, 행복할 수도 없다.

낙관주의자는 극심한 불운 속에서도 기회를 보고,
비관주의자는 엄청난 기회 속에서도 불운을 본다.
— 윈스턴 처칠

내가 요즘 겪고 있는 나쁜 일 속에서 좋은 의미를 찾아본다면?

운명을 조종하는 대화

우리의 운명을 조종하는 대화가 있다. 바로 우리가 우리 자신과 주고받는 내면의 대화다. 내면의 대화는 좌절과 희망, 열등감과 자신감의 차이를 가르고 나아가 우리 삶의 방향과 질을 결정한다. 운명을 바꾸고 싶다면 자기 자신과 주고받는 혼잣말(Self-Talk)부터 바꿔야 한다.

월요일 아침, 마지못해 출근하는 사람은 자기 안에서 다음과 같은 대화를 주고받는다. '에이, 또 월요일이야?' '아, 짜증 나.' 반면 즐거운 마음으로 집을 나서는 사람은 다르다. '우와, 월요일이다' '갈 곳이 있고, 할 일이 있어서 좋지?' '어차피 해야 할 일이니 즐겁게 일하자.'

신의 책상 위에는 이런 글이 씌어 있다.
'네가 만일 불행하다는 말을 하고 다닌다면 불행이 정말 어떤 것인지 보여주겠다.
또한 네가 만일 행복하다고 말하고 다닌다면 진짜 행복이 어떤 것인지 보여주겠다.'
－버니 S. 시겔

오늘 하루를 행복하게 보내기 위해 나 자신과 어떤 대화를 하고
싶은가?

Today's Review

실패한 사람과 성공한 사람의 차이

성공하고 행복한 사람과 반대로 그렇지 못한 사람을 유심히 관찰하면 몇 가지 차이점을 발견하게 된다. 먼저 문제가 생겼을 때 원인과 해결책을 찾는 방향이 다르다. 실패한 사람은 문제의 원인과 해결책을 외부에서 찾고, 성공한 사람은 내부에서 찾는다.

공부 못하는 아이, 못 가르치는 선생님 그리고 자녀나 배우자, 상사나 부하직원과 사이가 나쁜 사람들을 관찰해보라. 이들에게는 한 가지 공통점이 있다. 그들은 문제가 생겼을 때 그 원인과 해결책을 외부에서 찾는다.

현명한 사람은 모든 것을 자신의 내부에서 찾고,
어리석은 사람은 모든 것을 타인들 속에서 찾는다.
- 공자

원인은 나에게 있다고 생각하고 해결책을 찾아봐야 할 일은 무엇인가?

~~~~~~

~~~~~~

~~~~~~

~~~~~~

~~~~~~

Today's Review

~~~~~~

~~~~~~

~~~~~~

~~~~~~

~~~~~~

인생은 거래의 연속

대부분의 평범한 사람들은 즉각적인 고통을 피하고 즐거움을 얻으려 하기에 장기적으로 더 큰 고통을 겪는다. 그들은 어떤 행동을 할 것인지 말 것인지를 결정할 때 즉각적인 욕구 충족 여부에 기준을 둔다.

반면 소수의 성공하는 사람들은 다르다. 그들은 장기적인 파생 효과를 예상하므로 단기적인 고통과 손해를 감수한다. 그리하여 더 큰 부가가치를 창출하고 더 많은 보상을 받게 된다. 인생은 당장의 편안함이냐, 아니면 장기적인 더 큰 보상이냐를 선택해야 하는 거래의 연속이다.

많은 사람들이 현재의 고통을 피하고
당장의 즐거움을 얻으려 하기 때문에 훗날 고통을 받게 된다.
— 미셸 드 몽테뉴

더 큰 부가가치를 위해 지금 감수해야 할 고통과 손해는 무엇
인가?

Today's Review

그로 인해 내 모든 것이 달라졌다

'숲속에 길이 두 갈래로 갈라졌다. 나는 인적이 드문 길을 선택했다. 그로 인해 내 모든 것이 달라졌다.' 로버트 프로스트의 시 〈가지 않은 길〉의 마지막 부분이다. 남다른 삶을 원한다면 남다른 선택을 해야 한다.

난감한 상황에 부딪치면 〈가지 않은 길〉의 이 구절을 속으로 읊조려 보라. 그리고 조금이라도 남다른 선택을 할 수 있는지 찾아보라. 예를 들어 누군가가 나를 실망하게 했을 때, '사람들은 이럴 때 어떤 길을 선택할까? 그렇다면 나는…' 이런 식으로.

하던 대로 하게 되면 얻던 대로 얻게 된다.
― 프란시스 베이컨

인간관계든 비즈니스든 대중과 조금이라도 다르게 선택할 수
있는 방법을 찾아본다면?

해보겠다는 것은 없다

영화 〈스타워즈〉에서 제다이의 전사 요다가 이렇게 말한다. "해보겠다고? 해보겠다는 건 없어! 하는 것과 하지 않는 것만 있을 뿐!" 많은 사람들이 지금까지와는 다른 삶을 살고 싶다고 말한다. 그리고 이런저런 다짐을 한다.

그런데 정말 달라질까? 대부분은 달라지지 않는다. 그토록 달라지고 싶다면서도 왜 달라지지 않을까? 소망만 하고 실천하지 않기 때문이다. 아무것도 실천하지 않으면 아무것도 달라지지 않는다.

실패는 두 가지 방식으로 찾아온다. 아무 생각 없이 사는 자에게.
또 생각을 하긴 하지만 아무것도 하지 않는 자에게.

-서양 속담

소망만 하고 실천하지 않고 있는 일은 무엇인가?

읽고, 느끼고, 잊어버리고

인간관계 관련 서적을 산더미처럼 쌓아놓고 읽어도 주변 사람을 대하는 말투조차 하나도 바뀌지 않는 사람들이 많다. 왜 그럴까? 읽고 느꼈지만, 책장을 덮는 순간 잊어버리기 때문이다. 자기계발 강의를 수없이 들어도 계발의 여지가 도대체 보이지 않는 사람들도 많다. 역시 듣고, 느끼고, 강의장을 나서는 순간 곧바로 잊어버리기 때문이다.

책을 읽거나 강의를 듣고 아무것도 실천하지 않는다면 그건 아무것도 실천하지 않기 위해 책을 읽거나 강의를 듣는 것이다. 책을 읽거나 강의를 들었다면 반드시 작은 일 한 가지라도 실천해야 한다. 아무것도 하지 않으면 아무 일도 일어나지 않는다.

아는 것만으로는 부족하다. 적용해야 한다.
생각만으로는 부족하다. 행동해야 한다.
― 괴테

최근에 책을 읽거나 강의를 듣고 실천한 일은 무엇인가?

Today's Review

선택

인생은 크고 작은 선택의 총합

우리가 하는 모든 생각과 행동은 우리의 선택이다. 현재의 당신은 지금껏 당신이 결정한 모든 선택의 총합이고, 미래의 당신은 지금부터 당신이 하게 될 선택의 총합이다. 그러므로 미래를 바꾸고 싶다면 지금까지와는 다른 선택을 해야 한다.

운명을 바꾸고 싶다면 선택을 바꿔야 한다. 투덜거리면서 마지못해 일어날지 씩씩하게 하루를 시작할지, 반갑게 인사할지 말지, 문을 열어 둔 채로 나갈지 닫고 나갈지 선택은 모두 우리의 몫이다. 그 선택들이 모여 우리의 운명을 결정한다.

인생은 B(Birth)로 시작해서 D(Death)로 끝난다.
그러나 우리에게 다행스러운 것은 B와 D 사이에
C(Choice)가 있다는 사실이다.
– 장 폴 사르트르

10년 후 미래를 위해 지금까지와는 다른 어떤 선택을 해볼까?

서두르지 말고! 멈추지도 말고!

때로는 별로 눈에 띄지 않던 사람들이 큰일을 해낸다. '저 사람이 어떻게 저런 일을?' 하며 놀랄 때가 있다. 이들에겐 공통점이 있다. 남이 뭐라 하든 꾸준하게 자기만의 길을 걸었다는 것이다. 다른 사람들의 말에 귀를 기울이되 그 말에 휘둘리지는 마라. 앞서간 사람들을 보고 배우되 스스로 비하하지 마라. 뿌리 깊은 나무는 바람에 흔들리지 않는다. 목표가 명확한 사람은 남들과 비교하지 않는다.

꾸준하게 행하되 서두르지 마라. 세상에 꾸준함보다 더 나은 재능은 없다. 날아다니는 새는 벽을 뚫지 못한다. 소리 없는 벌레가 벽을 뚫는다. 내달리는 말은 십 리밖에 못 가지만(馬步十里), 뚜벅뚜벅 걷는 소는 만 리를 간다(牛步萬里). 소리 없는 벌레처럼! 뚜벅뚜벅 걷는 소처럼! Sin Prisa! Sin Pausa! (신 쁘리사! 신 빠우사!; 서두르지 말고! 멈추지도 말고!)

참으로 위대한 일은 모두 느릿느릿, 눈에 띄지 않는 성장에 의해서 이루어진다.
– 류시 말로리

남이 뭐라 하든 서두르지 않고 꾸준하게 가고 싶은 나만의 길은
무엇인가?

생각 바꾸기 3단계

사람들은 왜 비슷한 상황에서도 다르게 느끼고, 다르게 행동하면서 다른 인생을 살아가는 것일까? 자극에 대한 생각의 각도가 달라서 그렇다. 생각의 각도를 바꾸면 행동이 달라지고, 행동이 바뀌면 인생이 달라진다. 인생을 바꾸고 싶다면 생각의 각도를 바꿔야 한다.

어떻게 하면 생각의 각도를 지혜롭게 조절할 수 있을까? 세 가지 단계만 거치면 된다. 첫째, 멈추고 생각할 시간을 갖는다. 둘째, 부정적인 반응을 유발할 수 있는 생각을 찾아본다. 셋째, 생각의 각도를 바꿔 가장 바람직한 반응을 끌어낼 수 있는 생각으로 대체한다.

인간이 동물과 다른 점,
동물은 자극에 따라 반응하고 인간은 반응을 선택할 수 있다는 것이다.
― 윌리엄 글래서

못마땅한 일 한 가지를 찾아 생각의 각도를 바꿔본다면?

~~~~~~

~~~~~~

~~~~~~

~~~~~~

~~~~~~

~~~~~~

Today's Review

~~~~~~

~~~~~~

~~~~~~

~~~~~~

~~~~~~

세상에서 가장 끔찍한 덫

있는지조차 의식하지 못해도 머릿속 저 깊은 곳에 우리를 옭아매고 있는 뭔가가 박혀있다. 바로 자신에 대한 자기규정(Self-Definition)이다. '타고나기를…' '나는 원래…' '내 주제에…' 이런 식의 자기규정은 우리의 태도와 행동을 좌우하고 운명을 결정한다. 세상에서 가장 끔찍한 덫은 우리 자신이 친 덫이다.

스스로 못났다고 믿으면 못난 사람이 된다. 스스로 가치 있다고 믿으면 누가 뭐래도 가치 있는 일을 할 수 있다. 다른 삶을 원한다면 자기 자신을 이전과 다르게 규정해야 한다. 자기 자신에 대한 믿음이 바뀌면 그 새로운 정체성(Identity)에 따라 태도와 행동이 자동으로 바뀌기 때문이다.

사람들은 저마다 자기 안에 수용소를 갖고 있다.
— 빅터 프랭클

어제까지 나는 어떤 사람이었고, 오늘부터 나는 어떤 사람인가?

설렘

설레다 보면 좋아진다

아침에 깨어날 때 설레지 않는다면 그날 하루를 행복하게 보내기 어렵다. 자기가 하는 일에 스스로 감탄하지 못하면 아무리 오래 일해도 그 일로 크게 성공할 수 없다.

좋아야 설레고, 감동스러워야 감탄한다고 생각하는 사람이 많다. 하지만 설레다 보면 좋아지고 감탄하다 보면 감동적인 일이 생긴다. 설레고, 감탄하는 것은 저절로 우러나는 감정이 아니다. 의도적으로 선택하고 공부하고 연습해야 하는, 일종의 기술이다.

나는 젊었을 때부터 새벽 일찍 일어났다.
그날 할 일이 기대돼서 흥분으로 마음이 설렜기 때문이다.
— 정주영

그동안 시큰둥하게 생각했던 일 중 한 가지를 골라 그것을 설레
고 감탄할 일로 바꿔본다면?

자르지 말고 풀어라

살다 보면 이런저런 사연으로 잘 지내던 사람과 멀어질 때가 있다. 더는 어떻게 할 수 없다고 생각되면 '앞으로 안 보면 그만이지' 하면서 관계를 끝내버릴 수도 있다. 잘 맞지 않는 인연에 집착할 필요는 없지만, 내 쪽에서 먼저 무 자르듯이 다신 안 보겠다고 선언할 필요도 없다. 나는 종종 어느 시인이 소개한 스님 이야기를 떠올리면서 인연을 소중하게 이어가는 법을 찾아본다.

산사에 머물던 시인이 택배 상자의 끈을 가위로 자르려 하자 지켜보던 스님이 "끈은 자르는 게 아니라 푸는 것이다."라고 하셨다. 자르면 편한데 별걸 다 나무라신다고 생각하면서 결국 매듭을 풀었다. 그러자 스님이 웃으면서 이렇게 말씀하셨다. "잘라버렸으면 쓰레기가 됐을 텐데, 예쁜 끈이니 나중에 다시 쓸 수도 있겠지? 자르기보다 푸는 습관을 들여야 한다. 인연처럼!"

다리를 불태우지 마라. 그 강을 몇 번이나 다시 건너야 할지 모른다.
— 잭슨 브라운

더는 보고 싶지 않은 사람을 나는 어떻게 대하고 있는가?

Today's Review

그 사람, '아픈 사람'이야

"교수님, 아픈 사람이요? 정말 놀라운 발상 전환이에요! 그 사람뿐만 아니라 주변에 저를 짜증 나게 만들고 울컥하게 만드는 사람들이 몇 명 있습니다. 그런데 그들은 상처받은 사람들이고 마음이 아픈 사람들이라고 생각을 바꾸니까 신기하게도 마음이 한결 편해졌어요. 내 삶을 망가뜨리고 있다고 생각했던 그 사람이 조금은 측은하게 느껴지기까지 합니다."

사람을 대할 때 그 사람을 어떤 사람이라고 이름을 붙이느냐에 따라 심리적 감정적 반응이 달라지는데, 이를 명명효과(Naming Effect)라고 한다. 똑같이 이해가 안 가거나 못마땅한 행동을 하더라도 그를 '나쁜 사람'이라고 생각하면 분노, 혐오감을 느끼면서 공격적인 반응을 보이지만, '아픈 사람'이라고 생각하면 측은지심이 생기고 공감하고 이해하려는 반응을 보이게 된다.

좋거나 나쁜 것은 없다. 단지 생각이 그렇게 만들 뿐이다.
― 셰익스피어

'이 사람 아프구나'라고 생각하면서 좀 더 이해하려고 노력해볼
사람은 누가 있을까?

~~~~~~

~~~~~~

~~~~~~

~~~~~~

Today's Review

~~~~~~

~~~~~~

~~~~~~

~~~~~~

~~~~~~

로버트 에몬스 교수의 실험

좋은 일이 생겨도, 누군가의 도움이나 호의를 받아도 그것을 당연하게 여기는 사람들이 있다. 반면 작은 일에도, 당연한 일 속에서도 감사한 일을 찾아내는 사람들이 있다. 이들은 감사한 마음을 표현하고 어떤 식으로든 보답하려고 노력한다. 어느 쪽이 더 행복할까? 감사한 일을 찾아내 감사한 마음을 표현하다 보면 감사한 일이 점점 더 늘어난다.

미국 캘리포니아주립대학교의 로버트 에몬스(Robert Emmons) 교수는 매일 감사할 일 다섯 가지를 찾아서 감사 일기를 쓴 사람들과 그렇게 하지 않은 사람들을 비교했다. 예상했던 대로 감사한 일을 떠올렸던 사람들은 그렇지 않았던 사람들에 비해 행복감은 늘고, 스트레스는 훨씬 덜 받고 건강 상태까지 현저하게 좋아졌다.

> 사람이 얼마나 행복한가는 그의 감사함의 깊이에 달려있다.
> — 존 밀러

가족 중 한 명에게 감사할 일 10가지를 찾아서 적어본다면?

오후 4시에 들어간다고 하면

"네가 오후 4시에 온다면 나는 오후 3시부터 행복해지기 시작할 거야." 《어린 왕자》의 우정에 관한 이야기 중 여우가 왕자에게 한 말이다. 나는 이 문장이 이 책에서 가장 아름다운 문장이라고 생각한다.

외출했다가 오후 4시에 돌아간다고 전화하면 부하직원의 반응은 대개 세 부류로 나뉜다. 첫째, '외출했으면 그냥 퇴근하지 왜 다시 들어오냐구!' 둘째, '오거나, 말거나!' 셋째, '밖에 미세먼지도 많은데 모과차라도 준비해볼까?' 이런 반응의 차이는 회사뿐 아니라 집에서도 마찬가지다.

내 삶의 의미는 내가 다른 사람들의 삶에 어떤 영향을 끼치는가에 있다.
─ 윌 스미스

내가 만나는 사람들에게 나는 어떤 의미의 존재일까?

~~~~~~

~~~~~~

~~~~~~

~~~~~~

~~~~~~

~~~~~~

Today's Review

~~~~~~

~~~~~~

~~~~~~

~~~~~~

~~~~~~

원래 그럴 생각은 없었는데

70대 나이에 걸어서 아메리카 대륙을 횡단한 할머니에게 어느 기자가 물었다. "어떻게 그런 일을 할 수 있었습니까?" 그러자 할머니는 다음과 같이 답했다. "대륙 횡단, 원래 그럴 생각은 전혀 없었어. 생각해보면 그래서 그 일을 해낼 수 있었던 것 같아."

할머니는 손자에게 선물로 받은 운동화를 자랑하고 싶어서 그 운동화를 신고 다른 주에 사는 친구를 만나러 갔다. 이것이 그 할머니가 대륙 횡단을 하게 된 시작점이었다. 그 친구를 만난 후 '이번에는 다른 주에도 가보자. 무릎이 아프면 택시 타고 돌아오면 되지'라고 생각했다. 그렇게 하다 보니 대륙을 횡단하게 되었다.

엄두가 나지 않는 일을 할 수 있는 가장 좋은 전략은
일단 작은 일부터 시작하는 것이다.
— 히스이 고타로

도중에 그만둬도 괜찮다고 생각하면서 일단 시작해볼 일이 있다
면 무엇인가?

나의 쓸모

'엄마는 나를 사랑하니까 좋다. 바둑이는 나와 놀아주니까 좋다. 냉장고는 먹을 것이 많이 있으니까 좋다. 그런데 우리 아빠는 _____.' 마지막 문장은 어떻게 끝났을까? '우리 집에 왜 있는지 모르겠다.' 내 연구실 책상 앞에 붙여놨던 미국 유치원생이 쓴 시다. 나는 가끔 이 시를 들여다보면서 속으로 중얼거렸다. '나는 아이들과 학생들에게 어떤 의미의 존재일까?'

김대리는 분위기를 띄워줘서 좋다. 박과장은 힘든 일을 잘 도와줘서 좋다. 오부장님은 밥값을 잘 내줘서 좋다. 그런데 나는 _____. 우리는 같은 공간에서 숨을 쉬는 것만으로도 누군가에게 영향을 미친다. 단지 저기 앉아있다는 것만으로 짜증 나는 사람이 있다. 반면 자리에 없어도 그 사람을 떠올리면 힘이 나고 위로가 되는 사람도 있다.

> 자기가 태어나기 전보다
> 세상을 조금이라도 살기 좋은 곳으로 만들어놓고 떠나는 것, 이것이 진정한 성공이다
> ─랄프 왈도 에머슨

나는 집과 회사에서 무엇으로 쓸모가 있는가?

Today's Review

시간적 거리두기

가까이서 보면 모든 것이 커 보이고 멀리서 보면 모든 것이 작아 보인다. 지금 일어나고 있는 일에 지나치게 예민하게 반응하는 것은 그 일을 현재의 관점에서만 바라보기 때문이다. 하지만 미래의 관점에서 거리를 두고 현재 상황을 관조하다 보면 모든 것이 사소하게 느껴진다. 이를 심리학에서는 시간적 거리두기라고 한다. 거리두기는 인간의 가장 우아한 자기 초월 능력 중 하나이다.

견딜 수 없이 화가 나거나 실망스러울 때는 잠깐 멈추고, 전에는 심각했지만 지금은 아무것도 아닌 일이 되어버린 일을 떠올리자. 그리고 이렇게 생각하자. '이 또한 지나가리. 곧 지나가리.' 심리학 연구 결과들에 따르면, 시간적 거리두기를 유연하게 할 수 있는 사람은 감정통제를 잘하고 상처에서도 빨리 회복하는 것으로 밝혀졌다.

인생은 가까이서 보면 비극이고, 멀리서 보면 희극이다.
— 찰리 채플린

오래전 일 중 지금 생각하면 별일 아닌데 당시에는 너무나 심각
했던 일은?

2장

생각을 바꾸는 질문

우리 삶의 책임이
세상에 있다고 말하지 말자.
세상은 우리에게 아무런 책임이 없다.
우리가 있기 전에 세상이
먼저 있었다.

-마크 트웨인

여행을 떠나자, 동네 한 바퀴

상담을 하다 보면, 여행을 가고 싶은데 시간도 없고 돈도 없어 못 간다고 불평하는 사람들이 많다. 하지만 여행은 반드시 멀리 가야 하는 것이 아니고, 돈을 많이 들여 가야 하는 것도 아니다. 나는 그들에게 틈날 때마다 자기가 사는 동네를 한 바퀴 천천히 둘러보라고 권한다.

여행을 주말이나 휴가 때만 간다고 생각하지 마라. 가보지 못한 골목길을 나태주 시인의 〈풀꽃〉을 읊으면서 느긋하게 둘러보라. 자세히 보면 내가 사는 동네도 예쁘다. 행복한 사람은 낯선 곳을 동경하기보다 낯익은 곳에서 누릴 줄 안다. 진정한 여행이란 새로운 곳에 가야만 하는 것이 아닌 새로운 관점으로 보는 일이기도 하다.

> 수년 동안 비싼 값을 치르면서 나는 수많은 나라를 여행했다.
> 높은 산과 대양을 보았다.
> 그러나 내가 보지 못한 것은 내 집 문 앞 잔디에 맺혀있는
> 반짝이는 이슬방울이었다.
> ─타고르

낯선 관점으로 둘러보고 싶은 낯익은 곳은 어디인가?

Stop & Rest!

부처님이 물으셨다. "너는 출가하기 전, 집에 있을 때는 뭘 했느냐?" 사문(沙門, 불문에 들어가서 도를 닦는 사람)이 대답했다. "저는 거문고를 즐겨 탔습니다." "거문고 줄이 느슨하면 어떻게 되는가?" "소리가 나지 않습니다." "거문고 줄이 너무 팽팽하면 어떻던가?" "줄이 끊어집니다." 그러자 부처님이 말씀하셨다. "도를 배우는 것도 이와 같다."

기타도 바이올린도 첼로도 줄을 너무 조이면 끊어지고 너무 느슨하면 소리가 나지 않는다. 그래서 연주할 때는 줄을 조이고 연주가 끝나면 풀어놓는다. 우리의 몸과 마음도 마찬가지다. 너무 긴장하면 무너지고, 너무 이완하면 성과가 없다. 그러니 오래도록 건강을 유지하면서 더 많은 성과를 내고 싶다면 긴장과 휴식이 적절하게 조화를 이뤄야 한다.

> 휴식할 시간이 없을 때가 바로 휴식을 취해야 할 때이다.
> ─ 시드니 J. 해리스

요즘 나의 일상은 긴장과 이완이 적절한 조화를 이루고 있는가?

사흘만 볼 수 있다면

숲속을 산책하고 돌아온 친구에게 헬렌 켈러가 "무엇을 보았니?" 하고 물었다. 그 친구는 "별로 특별한 것이 없었다."라고 대답했다. 헬렌 켈러에겐 도저히 이해할 수 없는 대답이었다. 한 번만이라도 밝은 세상을 보는 것이 유일한 소망인 그녀는 사흘만 눈을 뜨고 볼 수 있다면 하고 싶은 일이 무엇인지 상상했다.

첫째 날, 눈을 뜨는 첫 순간 나를 어둠에서 구해준 설리번 선생님을 찾아갈 것이다. 그녀의 인자한 얼굴과 아름다운 모습을 몇 시간이고 바라볼 것이다. 둘째 날, 동트기 전에 일어나서 밤이 낮으로 바뀌는 가슴 설레는 기적을 온몸으로 느낄 것이다. 셋째 날, 큰길로 나가 부지런히 출근하는 사람들의 활기찬 표정을 지켜볼 것이다. 그리고 사흘만이라도 눈을 뜨고 볼 수 있게 해준 하느님께 감사의 기도를 드리고 다시 어둠의 세계로 돌아갈 것이다.

물 위를 걷는 것이 기적이 아니라 땅 위를 걷는 것이 기적이다.
— 임제선사

들을 수 있고, 말할 수 있고, 볼 수 있고, 걸을 수 있는 것에 대해
나는 그동안 어떻게 생각해왔는가?

접시 하나를 닦더라도

일본에서 존경받는 와타나베 가즈코 수녀가 어린 시절 수녀원에서 접시를 닦는 모습을 지켜보던 원장 수녀가 물었다. "지금 무슨 생각을 하면서 일하고 있나요?" 그녀는 "딱히 없는데요."라고 대답했다. 그러자 원장 수녀는 이렇게 말했다. "접시를 하나 정리할 때마다 그것을 사용할 사람을 위해 기도하면 어떨까요?" 이 말에 큰 깨달음을 얻은 수녀는 그 뒤부터 이렇게 기도하며 접시를 닦았다.

'이 접시를 사용하는 사람이 오늘도 건강하게 지낼 수 있게 해주소서' '이 사람에게 오늘도 좋은 일이 생기게 해주소서' '이 사람의 병이 나을 수 있게 해주소서'. 그러자 마음속에 점점 더 큰 변화가 일기 시작했고, 접시 닦는 일이 하찮은 일이 아니라 매우 가치 있는 일임을 깨닫게 되었다. 이후로 인생이 완전히 달라졌다고 한다.

인간은 의미를 추구하는 존재가 될 때
살아갈 가치를 갖게 된다.
— 빅터 프랭클

오늘은 무언가를 할 때 누구를 위해 어떤 기도를 해볼까?

18년 동안 도를 닦아 18루피를 벌었다

"스승님, 드디어 물 위를 걸어 갠지스강을 건널 수 있게 되었습니다."
한 수행자가 스승에게 자신의 도력을 고했다. 눈을 지그시 감고 듣던
스승이 물었다. "그래 몇 년이나 수련했는가?" 제자는 18년 걸렸다
고 대답했다. 스승이 다시 물었다. "갠지스강을 건너는 뱃삯이 얼마
인가?" 제자가 대답했다. "18루피입니다." 스승이 말했다. "너는 18
년 동안 노력해서 겨우 18루피를 벌었구나."

물 위를 걷는 것 자체는 중요하지 않다. 그것으로 무엇을 얻느냐가 훨
씬 더 중요하다. 사람이 아무리 빨리 달려도 치타보다 더 빨리 뛸 수
는 없다. 아무리 도력이 깊어도 소금쟁이처럼 물 위를 미끌어져 갈 수
는 없다. 우리가 해야 할 일은 치타처럼 뛰는 것도 소금쟁이처럼 물
위를 걷는 것도 아니다. 잘하는 것은 중요하지 않다. 무엇을 잘하는
지, 그것으로 무엇을 만들어내는지가 중요하다.

하지 않아도 될 일을 효율적으로 하는 것만큼 쓸모없는 일은 없다.
– 피터 드러커

앞으로 시간과 에너지를 투자해야 할 정말 중요한 일은 무엇
인가?

시비에 휘말리지 않으려면

운전하는데 갑자기 어떤 차가 끼어들어 사고가 날 뻔했다. 이때 대부분의 사람이 욕을 하거나 경적을 울리면서 화풀이를 한다. 그러다가 끔찍한 사고로 이어지기도 한다. 그럴 때는 잠깐 멈추고 이렇게 생각하면 평화로운 마음으로 가던 길을 갈 수 있다.

'만약 법정 스님이 이 운전대를 잡고 있다면?' '김수환 추기경님이 이 차를 운전하신다면?' 그분들은 틀림없이 이러시지 않았을까? '아이고! 급한 일이 있는 모양인데 조심해서 운전하십시오' '무슨 일인지 모르겠지만 많이 바쁜가 보군요. 먼저 가십시오!' 이런 생각을 하다 보면 어느새 상황은 종료된다.

어떤 성격을 갖고 싶으면
그 성격의 소유자인 것처럼 행동하면 그렇게 된다.
— 윌리엄 제임스

나보다 지혜로운 사람은 이 문제를 어떻게 해결할지 상상해본
다면?

~~~~~~

~~~~~~

~~~~~~

~~~~~~

~~~~~~

~~~~~~

~~~~~~

~~~~~~

~~~~~~

~~~~~~

가슴에서 입까지 거리

많은 사람이 소중한 사람들에게 해야 할 정말 중요한 말을 마지막 순간까지 미룬다. 그리고 마지막 순간이 지나서야 눈물을 흘리면서 과거형으로 이렇게 말한다. "사랑했어요." "잘못했습니다." "감사했습니다."

상담을 하다 보면 가슴에서 입까지 거리는 30센티밖에 안 되는데 가슴속의 말을 입으로 꺼내기까지 30년 이상이 걸렸다는 사람들을 만난다. 마지막 순간에 울면서 말하지 말고, 지금 웃으면서 표현하라. "고마워!" "미안해!" "사랑해!"

생의 마지막 순간에
간절히 원하게 될 그것을 지금 하라.
– 엘리자베스 퀴블러 로스

소중한 사람에게 더 이상 미루지 않고 지금 표현해야 할 말은 무엇인가?

~~~~~~

~~~~~~

~~~~~~

~~~~~~

~~~~~~

Today's Review

~~~~~~

~~~~~~

~~~~~~

~~~~~~

~~~~~~

걱정도 팔자다

존재하는 모든 심리는 존재 이유가 있다. 걱정도 마찬가지다. 미리 걱정하면 몇 가지 이점은 있다. 첫째, 걱정했던 일이 실제로 일어날 때 필요한 대비책을 세울 수 있다. 둘째, 걱정한 일이 실제로 일어나면 충격을 줄일 수 있다. 셋째, 걱정했던 일이 안 일어나면 대비 효과를 통해 그 기쁨이 두 배가 될 수 있다. 걱정하느라 시간과 에너지를 너무 낭비하고 있다면 어니 젤린스키의 연구 결과를 기억하자.

걱정의 40%는 현실에서 절대 일어나지 않는다. 걱정의 30%는 이미 일어난 일에 대한 것이다. 걱정의 22%는 사소한 고민이다. 걱정의 4%는 우리 힘으로는 어쩔 도리가 없는 일에 관한 것이다. 걱정의 4%만이 우리가 대처할 수 있는 일이다. 결론적으로 우리가 하는 걱정의 96%는 쓸데없다는 말이다. "걱정도 팔자다." 안 해도 될 걱정을 습관적으로 하는 사람을 두고 하는 말이다.

> 걱정해서 걱정이 없어진다면 걱정할 일이 없겠네.
> ─ 티베트 속담

소중한 시간과 에너지를 낭비하고 있는 부질없는 걱정은 무엇
인가?

뭔가 사연이 있겠지

짜증 나는 일을 겪거나 이해하기 힘든 행동을 하는 사람을 보면, 나는 혼자 이렇게 중얼거린다. "뭔가 사연이 있겠지…" 그러면 신기하게도 화가 누그러지면서 마음이 평화로워진다.

불쾌한 상황과 마음에 안 드는 사람에 대해 좀 더 너그러운 태도와 인내심을 갖게 해주는 가장 좋은 처방이 있다. 뭔가 그럴 만한 사연이 있을 거라 생각하면서 그 상황이나 사람을 이해하려고 노력하는 것이다.

모든 것을 알게 되면 모든 것이 용서된다.
— 부처

'뭔가 사연이 있겠지…'라고 생각했다면 더 좋았을 일 한 가지를
찾아본다면?

이만하면 잘했어!

영화 <위플래쉬>에서 플레처 교수는 제자를 최고의 연주자로 만들기 위해 "세상에서 가장 쓸데없는 말이 그만하면 잘했어야!"라고 말하면서 제자에게 채찍질(whiplash)을 한다. '그만하면 잘했다'는 생각으로 안주하면 자신의 한계를 뛰어넘을 수 없다고 생각했기 때문이다. 물론 제자를 깊이 사랑하는 마음에서 나온 말이다.

하지만 나는 세상에서 가장 쓸모 있는 말이 '그만하면 잘했어'라고 생각한다. 자신에게도 타인에게도 '잘했어!'라는 말만큼 힘과 용기를 주는 말도 없기에 그렇다. 최선을 다했는데도 한계를 넘지 못할 때가 있다. 그럴 때는 '이만하면 잘했다'고 자신의 노고를 인정하고 스스로 격려하자. 그래야 실패해도 다시 도전할 힘을 얻게 된다.

당신이 신뢰할 수 있는 유일한 사람은 당신 자신이다.
– 펠릭스 퍼데이

요즘 '이 정도면 잘하고 있다'고 생각하는 일은 무엇인가?

그저 그러려니

어떤 상황이나 사람이 못마땅할 때 마음의 평화를 유지하려면 '그저 그러려니' 하면서 싫은 것의 존재 권리를 인정하고 받아들이는 연습이 필요하다.

상사한테 심한 꾸중을 들은 후, 어떤 사람은 지나치게 예민하게 반응하면서 두고두고 곱씹는다. 그리고 스스로 지울 수 없는 트라우마로 각인한다. 반면 어떤 사람은 '그저 그러려니' 하고 대수롭지 않게 넘긴다.

이 험난한 세상을 누가 더 평화롭게 살아갈 수 있을까? 싫지만 바꿀 수 없는 것들과 평화롭게 지내는 가장 좋은 방법은 '그저 그러려니' 하면서 그것들의 존재 권리를 인정하는 것이다.

행복한 인생을 살아가기 위해서는 조금 더 둔감하게 살아야 한다.
— 와타나베 준이치

마음의 평화를 유지하기 위해 '그저 그러려니' 하고 넘어갈 일은 무엇인가?

~~~~~~
~~~~~~
~~~~~~
~~~~~~
~~~~~~

Today's Review

~~~~~~
~~~~~~
~~~~~~
~~~~~~
~~~~~~

행복을 찾는 오묘한 방법

너무나 많은 사람이 자신에게 부족한 것을 생각하고, 그것을 갈망하며 평생을 보낸다. 그리고 자신에 비하면 다른 사람들의 문제는 아무것도 아니라면서 자기의 불행을 과장하며 살아간다. 갖고 있지 않은 것만 아쉬워하며 가진 것에 감사하지 못하는 사람은 결코 행복할 수 없다. 왜냐하면, 현재 상태에 대한 불만이 크면 클수록 행복은 점점 더 멀어지기 때문이다.

법정 스님은 생전에 이렇게 말했다. "행복의 비결은 필요한 것을 얼마나 갖고 있는가가 아니라 불필요한 것에서 얼마나 자유로운가에 있다. 어떤 상황에서도 위에 견주면 모자라고 아래에 견주면 남는다. 일체유심조(一切唯心造)라는 말이 있듯 행복을 찾는 오묘한 방법은 언제나 내 안에 있다."

불행한 사람은 갖지 못한 것을 사모하고
행복한 사람은 가진 것을 사랑한다.
－ 하워드 가드너

지금 내가 가진 것, 누리고 있는 것들을 적어본다면?

헬퍼스 하이

열등감 이론의 창시자, 알프레드 아들러는 우울하다는 환자에게 이렇게 제안했다. "밖으로 나가 누군가에게 친절을 베푸세요." 그러자 환자가 대답했다. "선생님, 저는 지금 그럴 기분이 아닙니다." 아들러는 다시 요청했다. "그러면 친절을 베푸는 상상만이라도 해보세요!" 무력감에서 벗어나고 기분이 좋아지게 만드는 가장 경이로운 방법은 누군가를 위해 작은 친절을 베푸는 것이다.

남을 돕는 과정에서 일어나는 몸과 마음의 긍정적인 변화를 헬퍼스 하이(Helper's High)라고 한다. 우울감에서 벗어나고 싶다면 미소를 짓건, 작은 선물을 하건, 짐을 들어주건, 맛있는 음식을 대접하건, 이야기 상대가 되어주건 다른 사람을 행복하게 해줄 수 있는 작은 일 한 가지를 하라. 누군가에게 친절을 베풀었을 때 최대의 수혜자는 우리 자신이다.

행복해지고 싶은가?
그렇다면 다른 사람을 행복하게 해주라.
— 플라톤

오늘 누군가에게 베풀 수 있는 작은 친절 한 가지를 찾아본다면?

그럼에도 불구하고

지난날의 상처에서 벗어나고 싶다면 "지난날 나는 상처를 받았다. '그래서' 나는…" 대신에, "지난날 나는 상처를 받았다. '그럼에도 불구하고' 나는…" 이렇게 생각을 바꿔야 한다. 어제까지는 내 탓이 아닐 수 있다. 하지만 오늘부터는 내 삶을 내가 선택할 수 있어야 한다.

과거, 다른 사람, 환경, 운명의 지배를 받는 사람은 '그래서'를 선호한다. 반면에 과거, 다른 사람, 환경, 운명에서 자유로운 사람은 '그럼에도 불구하고'를 선택한다. 과거에서 벗어나 인생을 바꾸고 싶다면 '그래서'를 '그럼에도 불구하고'로 바꿔야 한다.

가난하게 태어난 것은 당신 잘못이 아니지만,
가난하게 죽는 것은 당신 책임이다.
− 빌 게이츠

최근에 겪었던 일 중 '그래서'를 '그럼에도 불구하고'로 바꾸고
싶은 일을 찾아본다면?

~~~~~~
~~~~~~
~~~~~~
~~~~~~
~~~~~~

~~~~~~
~~~~~~
~~~~~~
~~~~~~
~~~~~~

산소마스크는 본인부터 쓰세요

나는 비행기를 탈 때마다 중요한 삶의 진리 한 가지를 확인한다. 비행기가 이륙하기 직전, 승무원은 승객들에게 비상사태가 발생하면 산소마스크와 구명조끼는 반드시 자신이 먼저 쓰고 그다음에 도움이 필요한 옆 사람을 도와주라고 안내한다. 내가 숨 쉴 수 없다면 그 누구도 도와줄 수 없기 때문이다.

무슨 일을 하든 자신에 대한 사랑을 잊어서는 안 된다. 내가 나를 사랑하고, 내가 행복해야 다른 사람을 진정으로 사랑하고 행복하게 해줄 수 있다. 내 마음의 곳간이 차고 넘쳐야 다른 사람에게도 흘러 들어갈 수 있다. 자녀(가족)를 행복하게 해주려면 부모가(본인이) 먼저 행복해야 한다. 다른 사람들에 대한 진정한 배려와 사랑은 모두 '나'에게서 시작되므로 그렇다.

가족을 위해 해줄 수 있는 최고의 선물은
자기 자신을 좋아하고 스스로를 가치 있는 사람이라고 생각하는 것이다.
— 브라이언 트레이시

나 자신을 더 사랑하기 위해 지금부터 해야 할 일은 무엇인가?

의미의 씨앗

우리는 모두 삶에서 의미를 찾는 과정을 통해 자신의 인생을 점점 더 풍요롭게 만들 수 있다. 이것이 바로 행복한 삶을 살 수 있는 비밀이다. 행복한 삶을 사는 사람들 대다수는 한때 인생의 위기를 겪었지만, 한결같이 그 곤경을 이겨냈다. 어떤 상황에서도 긍정의 의미를 부여하는 방법을 터득했기에 가능했다.

그들은 자신이 겪고 있는 고통 속에서도 어떤 식으로든 의미를 찾아냈다. 자신이 겪고 있는 고통에 의미가 있다고 확신하면 어떤 끔찍한 상황에서도 그 고통을 더 평화스럽게 처리할 수 있다. 삶의 의미를 발견하려고 일부러 고통을 자초할 필요는 없지만, 어쩔 수 없이 겪어야 하는 고난이라면 반드시 그 속에 숨어있는 의미를 찾아내려고 노력해야 한다.

모든 상황은 의미의 씨앗이 내포되어 있다.

– 빅터 프랭클

요즘 나를 가장 힘들게 하는 일을 떠올려보자. 지금의 시련에서
긍정적인 의미 한 가지만 찾아보면?

생각도 자주 하면 길이 난다

원래부터 있던 길은 없다. 자주 다니다 보면 길이 만들어진다. 생각도 자주 하면 길이 난다. 열등하다고 생각하면 점점 더 열등감이 느껴진다. 밉다고 생각하면 점점 더 미워진다. 짜증을 내다 보면 점점 더 짜증이 난다. 다른 길을 만들고 싶다면 지금까지 다니던 길에서 벗어나 새로운 길을 찾아 자주 다니면 된다.

뉴턴의 운동 제1법칙, 관성의 법칙은 물체에만 작용하는 것이 아니다. 생각에도 똑같이 작용한다. 관성의 법칙에서 벗어나려면 관성보다 더 강한 힘을 가해야 한다. 부정적인 생각을 그만두고 싶다면 긍정적인 생각을 더 자주, 더 열심히 하면 된다.

우리의 마음은 밭이다. 긍정의 씨앗도 있고 부정의 씨앗도 있다.
어떤 씨앗에 물을 주어 꽃을 피울지는 자신의 의지에 달렸다.
— 틱낫한

습관적으로 하고 있는 부정적인 생각을 긍정적인 생각으로 바꿔
본다면?

진흙탕에서 벗어나는 법

우리를 진흙탕에 처박을 수 있는 사람도, 거기서 일으켜 세울 수 있는 사람도 우리 자신이다. 그러니 다른 누구보다도 자신을 믿어야 한다. 그것이 행복의 비결이다. 주변의 모든 사람이 다 한심하다고 말해도 자신에게만은 그렇게 말하면 안 된다. 왜냐하면, 우리는 자신이 생각하는 바로 그런 사람이 되기 때문이다.

열등감과 자기 연민에 빠진 사람들은 찡그린 표정에 항상 심각하고 잘 웃지도 않는다. 행동이 느리며 매사가 불만이고 목소리도 짜증스럽다. 반면, 자신감이 충만한 사람들은 표정에 미소를 띠고 있다. 행동이 민첩하고 목소리도 명랑하다.

두 사람이 감옥 안에서 철창 밖을 바라보았다.
한 사람은 진흙탕을 보았고, 다른 사람은 별을 보았다.
— 프레드릭 랭브리지

자신감을 높이려면 어떤 생각을 하고 어떤 표정에 어떤 말투를
써야 할까?

~~~~~~
~~~~~~
~~~~~~
~~~~~~
~~~~~~

Today's Review

~~~~~~
~~~~~~
~~~~~~
~~~~~~
~~~~~~

유품정리사의 교훈

귀한 그릇, 값비싼 양주는 왜 그렇게 아끼는 것일까? 현재보다 미래의 행복이 더 중요하다고 믿기 때문이다. 그런데 죽은 사람의 물건을 정리해주는 유품정리사들의 말에 따르면, 사람들은 대개 제일 좋은 것은 써보지도 못한 채 죽는다고 한다. 그러니 미루지 말고 지금 즐기자.

석인성시(惜吝成屎: 惜(아낄 석) 吝(아낄 린) 成(이룰 성) 屎(똥 시)), 아끼고 아끼다 똥 된다. 많은 사람이 평소에는 저렴한 신발에 허름한 옷을 입고, 싸구려 그릇을 사용하면서, 값싼 술만 마신다. 마음속의 좋은 생각도 마찬가지다. 귀하고 좋은 것, 아름다운 말 너무 아끼지 말고 지금 쓰자! 당장 표현하자!

승자는 달리는 순간에 이미 행복하다.
그러나 패자의 행복은 경주가 끝나봐야 결정된다.
— 탈무드

아끼느라 제대로 써보지 못한 물건, 아끼느라 표현해보지 못한 말은 무엇이 있을까?

세상에서 가장 슬픈 단어

불쾌한 감정을 떨쳐버리고 조금 더 너그러워질 수 있는 현명한 방법이 있다. 거리를 두고 길게 보면서 '모든 것은 지나가고 지나고 나면 후회할 수도 있다'는 사실을 받아들이는 것이다. 오래전 딸아이가 중학생일 때, 동영상도 볼 수 있는 MP3 플레이어를 사달라고 계속 졸랐다.

나는 단번에 거절했다. 공부를 소홀히 하면서 음악만 듣는 것이 못마땅했기 때문이다. 그런데 어느 순간 이런 생각이 들었다. '모든 것은 지나가고, 지나고 나면 후회할지도 모른다.' 그래서 딸에게 MP3 플레이어를 사줬다. 훗날 '그때 그걸 사줬어야 했는데…' 하고 후회할지도 모른다는 생각이 들었기 때문이다.

이 세상에서 말과 글로 표현할 수 있는 가장 슬픈 단어는
'만약 ~했더라면 좋았을 텐데'이다.
－ 존 그린리프 휘티어

인생을 길게 볼 때 지나고 나면 후회할 수도 있는 오늘의 선택과
결정은 무엇인가?

~~~~~~
~~~~~~
~~~~~~
~~~~~~
~~~~~~

Today's Review

~~~~~~
~~~~~~
~~~~~~
~~~~~~
~~~~~~

바꿀 수 있는 10%

삶이란 우리 인생 앞에 어떤 일이 생기느냐에 따라 결정되는 것이 아니라 우리가 어떤 태도를 보이느냐에 따라 결정된다. 우리에게 일어나는 일 중 90%는 우리가 마음대로 바꿀 수 없는 것이다. 10%만이 우리가 마음대로 바꿀 수 있는 것이다.

일을 대하는 태도는 우리에게 일어나는 일에 대한 우리의 선택이다. 그리고 우리의 운명은 우리가 마음대로 선택할 수 있는 이 10%에 의해 결정된다. 인생을 바꾸고 싶다면 우리에게 일어나는 일이 아니라 일을 대하는 우리의 태도를 바꿔야 한다.

주여, 저에게 제가 변화시킬 수 없는 것을 받아들이는 평상심과 변화시킬 수 있는 것을
변화시키는 용기와 그리고 그 차이를 구별할 줄 아는 지혜를 허락하소서.
－라인홀트 니부어

일을 대하는 나의 태도를 바꾸어 다른 결과를 얻고 싶은 일은 무
엇인가?

플러스 가정법과 마이너스 가정법

불평, 불만, 불행감은 플러스 가정법(만약 ~이 있다면)으로 만들어지고, 감사, 만족, 행복감은 마이너스 가정법(만약 ~이 없다면)으로 만들어진다. 삶의 질을 바꾸고 싶다면 플러스 가정법을 마이너스 가정법으로 바꾸면 된다.

'만약 더 큰 집을 사게 된다면…' '5년만 더 일찍 승진했더라면…' '아들이 전교 1등만 해준다면…' '최고급 외제 차를 갖게 된다면…' 이처럼 더 많은 것을 추구하는 '플러스 가정법'을 사용하면 아무리 많은 것을 소유해도 만족할 수 없다.

가장 행복한 사람은 특별한 이유 없이도
삶을 즐길 줄 아는 사람이다.
– 윌리엄 랄프 인지

나를 더 행복하게 만들어줄 수 있는 마이너스 가정 질문을 하나
만들어본다면?

~~~~~~
~~~~~~
~~~~~~
~~~~~~
~~~~~~

Today's Review

~~~~~~
~~~~~~
~~~~~~
~~~~~~
~~~~~~

역전

생각 뒤집기 기법

똑같은 사람도 부정적인 단어로 묘사하면 부정적인 사람이 되고 긍정적인 단어로 묘사하면 긍정적인 사람이 된다. 자신이나 타인에 대한 인상과 태도를 바꾸고 다른 사람과 관계를 개선하는 가장 효과적인 방법은 그 사람을 묘사하는 부정적인 단어를 긍정적인 단어로 바꾸는 것이다.

예를 들어, 어떤 사람을 생각할 때 '고집스럽다', '우유부단하다', '인색하다'는 부정적인 단어들이 떠오른다면 이 단어들을 '단호하다', '신중하다', '검소하다'는 긍정적인 단어들로 바꾸는 것이다. 이른바 생각 뒤집기 기법(Mind Flip Technique)이다.

인생은 당신의 단어와 생각에 따라 모양을 갖는다.
– 에이브러햄 힉린커

관계를 개선하고 싶은 누군가를 묘사하는 단어 세 개를 긍정적으로 바꿔본다면?

~~~~~~

~~~~~~

~~~~~~

~~~~~~

~~~~~~

~~~~~~

~~~~~~

~~~~~~

~~~~~~

~~~~~~

정서의 말초설

화가 나기 때문에 소리를 지르는 것이 아니라, 소리를 지르기 때문에 화가 난다. 슬퍼서 우는 것이 아니라 울기 때문에 슬퍼지고, 불만스러워서 투덜거리는 것이 아니라 투덜거리다 보면 불만스러워진다. 이처럼 신체의 말초적 반응이 대뇌의 감정을 유도하는 것을 심리학에서는 정서의 말초설(Peripheral Theory of Emotion)이라고 한다.

화나고 우울한 일들은 세상에 넘친다. 그러나 우리는 우리의 표정과 행동을 선택함으로써 우리의 감정을 얼마든지 바꿀 수 있다. 미소를 지어야 할 두 가지 상황이 있다. 미소가 저절로 지어지는 상황과 미소를 지을 수밖에 없는 상황. 휘파람이라면? 휘파람을 불고 싶을 때와 휘파람을 불고 싶지 않을 때. 당신은 어떤 선택을 하겠는가?

우리는 행복하기 때문에 웃는 것이 아니라 웃기 때문에 행복하다.
— 윌리엄 제임스

오늘은 어떤 표정과 행동으로 하루를 시작할까?

~~~~~~
~~~~~~
~~~~~~
~~~~~~
~~~~~~
~~~~~~

Today's Review

~~~~~~
~~~~~~
~~~~~~
~~~~~~
~~~~~~

긍정적인 사람이 오래 산다

텍사스대학교 제임스 패너베커 교수 등은 개인 블로그 3만 5천 개와
학생들의 에세이 1만 5천 개를 분석해서 부정적인 단어를 많이 사용하
는 이들은 질병, 외로움, 신경증, 우울증에 시달릴 가능성이 더 높다
는 사실을 발견했다. 반면 긍정적인 단어를 다채롭게 구사하는 이들은
직장생활과 여가 활동에서 성실하고 적극적이며 몸도 더 건강했다.

미국에서 수녀 180명의 간증문을 분석한 결과, 긍정적인 단어를 별
로 쓰지 않은 수녀들 가운데 85세 이상 장수한 사람은 34%에 불과했
다. 반면 '매우 행복한', '정말로 기쁜'과 같은 긍정적인 단어를 많이
사용한 수녀 중 85세 이상 장수한 사람은 무려 90%나 되었다. 행복
하려면 부정적인 단어를 줄이고 긍정적인 단어를 늘려야 한다. 다행
스럽게도 우리가 선택할 수 있는 단어는 모두 공짜다.

우리 시대에서 가장 위대한 발견은 인간이 자신의 태도를 바꿈으로써
자신의 인생을 변화시킬 수 있다는 것이다.
– 윌리엄 제임스

내가 평소에 많이 쓰는 긍정적인 단어를 나열해본다면?

positive
happy

아우슈비츠 수용소에서 살아남은 비결

빅터 프랭클은 유대인이라는 이유로 가족과 함께 지옥 같은 아우슈비츠 수용소로 끌려가 아내와 가족을 잃었다. 훗날 굶주림과 혹독한 추위 그리고 인간으로서 도저히 견딜 수 없는 핍박을 극복했던 비결을 이렇게 말했다. "어떤 처참한 상황에서도 그보다 더 처참한 상황을 상상하면 견딜 수 있다."

우리가 겪고 있는 상황이 아무리 어렵더라도 그보다 더 처참한 상황을 상상하면(대비효과) 우리가 겪는 고통이 훨씬 더 가볍게 느껴진다. 그리고 우리에게 주어진 것들을 당연하게 여기지 않고 감사하는 마음을 갖게 된다. 그러면 우리는 자신과 다른 사람을 위해 더 많은 일을 할 수 있다.

발이 없는 사람을 보기 전까지는 내게 신발이 없다는 사실을 슬퍼했다.
- 페르시아 속담

어렵고 힘든 일을 겪었을 때, 나는 어떤 마음으로 극복했나?

Today's Review

127

자기감찰 효과

투덜거리는 습관을 바꾸고 싶다는 내담자에게 나는 "바둑알을 왼쪽 호주머니에 넣고 다니다가 불평을 할 때마다 하나씩 오른쪽 호주머니로 옮겨 넣고 저녁에 자기 전에 그 숫자를 세보면 신기하게도 불평이 줄어들 것입니다."라는 매우 간단한 치료법을 일러주었다.

실제로 체중을 주기적으로 재기만 해도 몸무게가 줄어든다는 연구 결과가 많다. 자신의 행동을 유심히 관찰하기만 해도 변화가 일어나는데, 이를 자기감찰 효과(Self-monitoring Effect)라고 한다. 소비를 줄이고 싶다면 지출 일기를 작성하고, 화내는 버릇을 고치고 싶다면 언제, 어디서, 어떻게 화를 내는지 기록해보자.

> 자신의 활동을 기록하는 사람은
> 그렇지 않은 사람보다 목표를 이룰 확률이 높다.
> ─ 메리 제인 라이언

관찰하고 기록하면서 바꾸고 싶은 내 나쁜 습관은 무엇인가?

대체의 원리

먹물 한 방울이 컵 안의 맑은 물 전체를 검게 물들이듯이 부정적인 생각이 우리의 일상 전체를 어둡게 만들 수 있다. 부정적인 생각을 없애는 가장 효과적인 방법은, 검게 물든 컵에 맑은 물을 부어 물을 맑게 하듯이 긍정적인 생각을 계속하는 것이다.

부정적인 생각에서 벗어나는 방법은 의외로 간단하다. 부정적인 생각 대신 긍정적인 생각을 하는 것이다. 그림자가 싫다면 빛을 향해 돌아서면 되고, 부정적인 생각이 싫다면 긍정적인 생각을 선택하면 된다. 이른바 대체의 원리(Principle of Replacement)다.

그림자를 없애려면
그저 뒤를 돌아 빛을 바라보면 된다.
— 존 하리차란

내 마음 물잔 속 먹물은 무엇이고, 먹물을 없애기 위해 부어야 할
맑은 물은 무엇인가?

~~~~~~
~~~~~~
~~~~~~
~~~~~~
~~~~~~

Today's Review

~~~~~~
~~~~~~
~~~~~~
~~~~~~
~~~~~~

그나마 다행이다

같은 일을 당해도 어떤 사람은 원망하기를 선택하고 어떤 사람은 감사하기를 선택한다. 풍요로운 삶을 살고 싶다면 반드시 모든 경험에서 이득을 얻는 법을 찾아야 하고, 행복한 삶을 살고 싶다면 어떤 일에서든 긍정적인 의미를 찾는 법을 배워야 한다.

똑같이 차 사고를 당했는데, 한 사람은 '왜 하필이면 내가 이런 사고를 당해야 하냐'면서 '원망하기'를 선택한다. 하지만 다른 한 사람은 '이렇게 큰 사고를 당했는데도 죽지 않고 살았으니 그나마 다행'이라며 '감사하기'를 선택한다. 똑같이 실연을 당해도 어떤 사람은 시인이 되고, 어떤 사람은 폐인이 된다. 같은 상황이지만 해석을 다르게 하기 때문이다.

인간은 사물 자체가 아니라
사물에 대한 견해 때문에 괴로움을 겪는다.
— 에픽테토스

최근 겪은 안 좋았던 일에서 긍정적인 의미를 찾아본다면?

스트레스도 약이 된다

같은 일도 어떤 사람에게는 몸과 마음을 상하게 하는 나쁜 스트레스(Distress)로 작용하고, 어떤 사람에게는 자극과 활력을 주는 좋은 스트레스(Eustress)가 된다. 스트레스의 존재 이유에 대한 지식과 스트레스에 대한 해석이 다르기 때문이다. 스트레스는 나쁘다고 생각할 때만 나쁘다.

심리학자 켈리 맥고니걸은 8년 이상 3만여 명을 대상으로 한 실험을 통해 스트레스 자체보다 스트레스가 건강을 해친다고 믿을 때만 건강에 해롭다는 사실을 밝혀냈다. 똑같이 스트레스를 받는 상황에서도 스트레스가 긍정적으로 작용한다고 믿는 사람들은 열정적이고 건강하며, 행복하고 생산성도 높아 스트레스가 오히려 활력소로 작용한다는 사실도 밝혀냈다.

스트레스에 대항하는 가장 위대한 무기는
우리가 다른 생각을 선택할 수 있는 능력을 갖고 있다는 것이다.
— 윌리엄 제임스

스트레스를 심하게 받을 만한 상황에서도 대수롭지 않게 넘기며
평정심을 유지할 나만의 방법을 만든다면?

역피해의식

비관적인 사람은 조금만 나쁜 일이 일어나도 '운이 안 좋다'거나 '왜 나한테만 이런 일이 일어나느냐'고 하면서 세상을 원망한다. 하지만 낙관적인 사람은 아무리 나쁜 일이 일어나도 그것을 자기에게 뭔가 좋은 일이 일어날 신호라고 해석한다.

아무도 해를 끼치는 사람이 없는데도 사람들이 자신을 해치기 위해 음모를 꾸미고 있다고 생각하는 것을 피해의식(Paranoid Thinking)이라고 한다. 이에 반해 고난에 처할 때조차도 세상이 자기에게 좋은 일을 만들어주기 위해 그런 일을 꾸미고 있다고 생각하는 것을 역피해의식(Inverse Paranoid Thinking)이라고 한다. 피해의식은 우울, 불안, 불행을 부르고, 역피해의식은 기쁨, 희망, 행복을 가져온다.

신이 인간에게 선물할 때는
꼭 그 선물을 풀기 어려운 문제로 포장해서 준다.
— 브라이언 트레이시

세상이 나에게 좋은 일을 만들어주기 위해 꾸미고 있다고 생각
해볼 만한 지금의 고난은 무엇인가?

피그말리온 효과

사랑스럽게 대하면 사랑스러운 사람이 된다. 잘할 수 있다고 진심으로 믿어주면 언젠가 잘하게 된다. 우리가 만나는 사람들의 태도와 행동은 우리가 그를 어떻게 기대하고 어떻게 대하느냐에 따라 달라진다. 우리 모두는 누군가를 마음으로 조각하는 피그말리온(Pygmalion)이다.

피그말리온은 그리스 신화에 나오는 조각가로, 자신이 상아로 조각한 여인상이 너무 아름다워 마치 살아있는 연인처럼 정성을 다해 보살핀다. 결국 그가 원한 대로 조각상이 진짜 사람으로 변신하는 기적이 일어나 그 조각상과 결혼까지 하게 된다. 이처럼 어떤 사람에 대한 깊은 믿음과 기대가 그 사람을 긍정적으로 변화시키는 것을 심리학에서는 피그말리온 효과(Pygmalion Effect)라고 한다.

사람들은 당신이 기대하는 만큼만 성과를 낸다.
– 스털링 리빙스턴

나는 어떤 믿음과 기대로 내 주변 사람들을 대하는가?

소유보다 누림

같은 음식도 정신없이 허겁지겁 먹는 사람이 있는가 하면, 천천히 음식 고유의 맛을 음미하며 식사 시간을 즐기는 사람이 있다. 산길을 가면서 무심코 지나치는 사람이 있고, 길가의 꽃과 풀을 유심히 관찰하며 자연의 경이로움을 만끽하는 사람이 있다.

행복한 사람은 현재에 감동하고 감사하면서 깊이 음미한다. 그리고 그런 자신의 모습을 좋아하면서 주어진 것을 제대로 누릴 줄 안다. 행복의 깊이는 소유의 크기가 아니라 향유(享有: 누리어 가짐)하는 정도에 의해 결정된다.

행복은 찾는 것이 아니라 누리는 것이다.
– 버트런드 러셀

더 나은 삶을 살기 위해 좀 더 누리고 음미하고 싶은 것은 무엇
인가?

~~~~~~

~~~~~~

~~~~~~

~~~~~~

~~~~~~

Today's Review

~~~~~~

~~~~~~

~~~~~~

~~~~~~

~~~~~~

우리는 모두 영웅이다

헤르만 헤세는 "자신의 길을 걷는 사람은 누구나 다 영웅이다. 자기가 할 수 있는 일을 진실하게 수행하며 사는 사람은 누구나 다 영웅이다."라고 말했다. 누구처럼 살지 못했다거나 큰 꿈을 이루지 못했다고 자책하지 마라. 그리고 미래의 성공만을 위해 현재의 행복을 포기하지 마라.

꿈을 꾸고, 꿈을 이루는 것 못지않게 중요한 것이 있다. 자기 자신과 자기가 하는 일을 소중하게 여기면서 순간순간을 행복하게 사는 것이다. 자신을 남과 비교하지 마라. 그것은 자신을 모욕하는 것이다. 주어진 상황에서 나름대로 최선을 다하고 있는 우리는 모두 영웅이다.

인생에서 중요한 것은 자신에게 지금 주어진 길을 한결같이 똑바로 나아가고,
그것을 다른 사람의 길과 비교하지 않는 것이다.
– 헤르만 헤세

내가 하는 일에서 '나는 영웅이다'라는 생각이 들 때는 언제인
가?

~~~~~~
~~~~~~
~~~~~~
~~~~~~
~~~~~~

~~~~~~
~~~~~~
~~~~~~
~~~~~~
~~~~~~

날 수 세는 지혜

해야만 하는 일을 하고 싶은 일로, 습관적으로 하는 일을 의미 있는 일로, 피상적인 만남을 소중한 인연으로 만들기 위해 우리가 할 수 있는 가장 효과적인 방법이 있다. 무심코 해왔던 그 일들을 기회로 바라보면서 앞으로 그 기회를 몇 번이나 누릴 수 있는지 헤아려보는 것이다. 어떤 일을 지겹다고 생각하거나 기계적으로 하는 이유는 그 일이 끝없이 계속되거나 앞으로도 기회가 많다고 생각하기 때문이다.

몇백 번? 몇천 번? 수만 번이 남았다 해도 그 기회는 유한하며 그 횟수가 점점 줄어든다고 생각하면, 그 일이 소중하게 느껴지고 더욱 정성을 기울이게 된다. 남은 기회를 계산해봄으로써 그 일을 대하는 태도를 바꿀 수 있는데, 이를 성경에서는 날 수 세는 지혜(Wisdom to number our days)라고 한다.

비극은 인생이 짧다는 것이 아니라,
정말 중요한 것이 무엇인지를 너무 늦게야 깨닫는다는 것이다.
－ 엘리자베스 퀴블러 로스

가족 모두가 함께 모여 즐겁게 식사할 수 있는 날이 앞으로 몇 번이나 남았을까?

나중에 후회하지 않으려면

현재를 가장 효과적으로 바꾸는 방법은 미래를 현재로 끌어오는 것이다. 그리고 나중에 후회하지 않는 가장 지혜로운 방법은 죽음을 현재로 끌어오는 것이다. 그리고 죽어서 사람들에게 어떤 사람으로 기억되고 싶은지 자문해보는 것이다.

왜냐하면 죽음이란 우리가 미리 가볼 수 있는 미래의 최북단이기 때문이다. 죽음에 대한 직면은 인생의 유한성에 대한 자각을 증폭시켜 삶에 대한 조망에 극적인 변화를 일으킨다. 그리고 이것이 자신과 타인에 대한 태도와 행동을 완전히 변화시키는 계기가 된다.

"죽어서 어떤 사람으로 기억되고 싶은가?"
이 질문을 통해 우리는 완전히 새로운 삶을 살 수도 있다.
왜냐하면, 이 질문은 우리 자신과 우리가 하고 있는 일에 대한 관점을 변화시켜
우리가 진정으로 되고 싶은 자기가 되도록 압력을 가하기 때문이다.
— 피터 드러커

나는 어떤 사람으로 기억되고 싶은가?

~~~~~~

~~~~~~

~~~~~~

~~~~~~

~~~~~~

~~~~~~

~~~~~~

~~~~~~

~~~~~~

~~~~~~

~~~~~~

3장

관계가 좋아지는 질문

인생행로의 어려움은
물에 있는 것도 아니요, 산에 있는 것도 아니다.
인간관계의 어려움 때문이다.
- 백낙천

좋은 관계의 비결

만족스럽고 성공적인 삶을 사는 사람들에게는 친밀한 관계의 협력자가 반드시 있다. 반면, 실패하는 삶의 이면에는 거의 항상 인간관계의 문제가 숨어있다. 자기가 하는 일이 원만하게 풀리지 않는다면, 먼저 다른 사람과의 관계가 어떤지 검토해봐야 한다.

성공하기를 원한다면 성공의 비결을 배우기 전에 실패로 이끄는 행동이 무엇인지 찾아야 한다. 그리고 그 반대로 하면 된다. 마찬가지로 좋은 관계를 원한다면 호감을 사는 비결을 배우기 전에 다른 사람들이 싫어하는 내 행동이 무엇인지 먼저 찾아봐야 한다. 그리고 그것을 중단하면 된다.

> 만일 당신이 사람들에게 따지고 상처주고 반박한다면 때때로 승리할 수도 있다.
> 하지만 그것은 공허한 승리에 불과하다.
> 왜냐하면 당신은 결코 상대방한테 호의를 얻어내지 못할 것이기 때문이다.
> – 벤자민 프랭클린

사람들이 싫어할 수도 있는 내 말투와 행동은 무엇일까?

씨앗의 법칙

거두려면 먼저 뿌려야 하고, 원한다면 먼저 주어야 한다. 미소를 원하면 먼저 미소를 지어야 한다. 돈을 벌고 싶다면 상대방이 돈을 벌도록 해주어야 한다. 더 많은 것을 원한다면 상대방이 더 많은 것을 얻도록 도와줘야 한다. 직원들의 협조를 받고 싶다면 먼저 그들에게 협조해야 한다.

더 많은 보수를 원한다면 고용주가 더 많이 벌 수 있도록 일을 잘해야 한다. 사람들이 우리를 좋아하지 않는다면 그건 지금까지 우리가 그들을 진심으로 좋아하지 않았다는 이야기다. 사람들이 우리를 좋아하고 대접해주기를 원한다면 우리가 먼저 그들을 좋아하고 대접해야 한다.

자신을 행복하게 하는 최고의 방법은
다른 사람의 기분이 좋아지도록 돕는 것이다.
— 마크 트웨인

내가 원하는 것을 하기 위해 내가 먼저 누군가에게 해주어야 할
일을 찾아본다면?

관계의 기본

"그것도 취미라고…." "그런 게 맛있어?" "너희 학교(고향) 출신들 왜 다 그 모양이니?" 아무리 친한 사이라도 이런 말을 듣고 나면 정나미가 떨어진다. 적을 만들고 싶은가? 그렇다면 그 사람이 좋아하는 것을 싫어하라. 누군가를 친구로 만들고 싶은가? 그렇다면 그 사람이 좋아하는 것을 좋아하라.

사람은 자기가 좋아하는 것을 싫어하는 사람을 싫어하고, 자기가 좋아하는 것을 좋아하는 사람을 좋아한다. 자녀와 대화할 때는 자녀가 싫어하는 공부 얘기만 하지 말고, 자녀가 좋아하는 친구와 가수에 관해서 물어보자. 친구와 식사할 때는 자기가 먹고 싶은 것만 고집하지 말고, 친구가 좋아하는 것도 기꺼이 먹어보자.

사람은 자기가 좋아하는 것을 싫어하는 사람을
본능적으로 싫어한다.
— 이민규

내가 좋아하는 것을 싫다고 해서 멀게 느껴졌던 사람을 떠올려
본다면?

사소한 것은 사소하지 않다

세상을 놀라게 하는 대형 사고들은 작은 문제에서 비롯되는 경우가 많다. 인간관계의 심각한 갈등 역시 대개는 하찮게 생각한 작은 일 때문에 시작된다. 대부분의 위대한 발견들이 사소한 변화에 주목한 결과인 것처럼 남들이 하찮게 여기는 작은 일을 조금만 남다르게 접근하면 삶의 질을 완전히 바꿀 수 있다.

사소한 일도 부정적인 관점으로 접근하면 커다란 문제로 발전하고, 반대로 작은 일도 긍정적인 방향으로 지속하면 위대한 성취로 이어진다. 1%의 미세한 차이가 99% 다른 결과를 가져올 수 있다는 사실을 받아들이면 조만간 우리의 삶은 완전히 다른 방향으로 전개된다.

아주 작은 원인이 우리에게 벗어나서
우리가 무시할 수 없는 커다란 결과를 가져오면,
그때야 우리는 이 결과가 우연 때문이라고 한다.
— 푸앵카레

그동안 사소하게 여기다가 큰일로 이어져 후회했던 일은 무엇
인가?

Today's Review

자기 거리두기

살면서 겪게 되는 여러 가지 괴로움은 자기 거리두기(Self-Distancing) 실패에서 비롯되는 경우가 많다. 자기 거리두기는 자신과 심리적 거리를 유지함으로써 지나치게 흥분하지 않고, 평정심을 유지하게 해 부정적인 감정을 덜어준다.

누군가와 다투거나 몹시 화가 날 때, 잠시 자신이 천장에 붙어 있는 파리라고 상상하고 그 파리의 눈으로 자기 자신을 바라보라. 거리를 두고 자신을 바라보면 좀 더 침착하고 평온한 태도를 유지할 수 있다. 당연히 나중에 후회할 일도 그만큼 줄어든다.

자신이 무의식적으로 하고 있는 행동을 제대로 이해하려면
'한 걸음 물러나' 바라볼 필요가 있다.
— 매들린 L. 반 헤케

흥분하지 않고 평정심을 유지하면서 해내기 위해 자기 거리두기
를 시도해볼 일은 무엇인가?

진심으로 좋아한다면

인간관계든 비즈니스든 도저히 풀릴 것 같지 않던 문제가 어느 순간 매듭 하나가 풀리면서 스르르 풀릴 때가 있다. 이런 경우 잘 살펴보면 한 가지 공통점이 있다. 상대방을 좋아한다는 우리의 진심이 제대로 전달되었을 때다.

어떤 사람을 변화시키는 데 그 사람을 진심으로 좋아하는 것보다 더 효과적인 방법은 없다. 왜냐하면 사람들은 자기를 좋아하는 사람을 좋아하고, 좋아하는 사람의 말은 어떤 말이든 듣고 싶기 때문이다.

> 설득하려면 상대가 당신의 메시지뿐 아니라 당신을 믿어야 한다(좋아해야 한다).
> 당신을 좋아하지 않는다면 믿으려 하지 않을 것이다.
> 다행히도 당신을 좋아하게 만들기는 아주 쉽다. 당신이 먼저 상대를 좋아하면 된다.
> ─크리스 세인트 힐레어

진심을 담아 좋아한다는 메시지를 전하고 싶은 사람은 누구
인가?

다름을 인정하면

인간관계에서 일어나는 갈등 대부분은 '다른 것 = 나쁜 것'이라는 생각에서 비롯된다. 부부간의 갈등에서부터 노사문제, 인종 차별, 종교 분쟁 등 인간관계에서 드러나는 갈등은 차이를 '틀린 것'이나 '나쁜 것'으로 보는 데서 시작된다.

갈등을 줄이고 원만한 인간관계를 유지하기 위해서는 무엇보다 먼저 '사람들은 모두 다르다'는 사실을 인정해야 한다. 그리고 머릿속에서 '다른 것 = 나쁜 것'이라는 공식을 삭제해야 한다. 어떤 유형의 갈등도 상대방의 관점에서 이해하려고 노력하면 해결의 실마리가 보인다.

누군가를 사랑한다는 것은 그를 비난하지 않는 것이다.
그를 비난하지 않고 그가 원하는 것을 입게 해주고, 원하는 대로 살게 해주고,
있는 그대로 인정해주는 것이다.
— 앤드류 매튜스

나와 너무 달라서 관계 유지가 힘든 사람은 누구인가?

세상에서 가장 귀한 손님

남에게는 친절하면서 정작 친절해야 할 가족에게는 그렇지 못한 경우가 많다. 가족은 내가 어떻게 하건 다 이해해줄 것이고, 어떤 상황이라도 항상 그 자리에 있어줄 존재라고 생각하기 때문이다. 가족을 대하는 태도를 바꾸는 가장 좋은 방법은 가족을 마치 귀한 손님처럼 생각해보는 것이다.

우리 곁에 잠시 머물다 곧 떠나게 될 손님, 한번 떠나면 다시는 못 만날 귀한 손님처럼 바라보면 모든 것이 다르게 느껴진다. 실제로 가족은 세상에서 가장 소중한 손님이고, 언제 우리 곁을 떠나게 될지 그건 아무도 모른다.

행복한 가정은
미리 누리는 천국이다.
- 조지 버나드 쇼

가족을 잠시 머물다 떠날 귀한 손님이라고 생각하면 내 행동이
어떻게 달라질까?

진짜 인품

노벨 평화상을 수상한 테레사 수녀에게 어떤 기자가 물었다. "세계 평화를 위해 가장 중요한 일이 무엇일까요?" 테레사 수녀의 대답은 이랬다. "집으로 가십시오. 가족을 사랑하십시오." 만일 누군가 "고객들을 감동시켜 사업에 성공하고 싶은데 어떻게 해야 할까요?"라고 묻는다면 테레사 수녀는 틀림없이 이렇게 대답했을 것이다. "가까운 사람부터 감동시키십시오."

가까운 사람을 대하는 태도가 그 사람의 진짜 인품이다. 자녀나 배우자를 온화하게 대하고 기쁘게 할 수 있는 사람이라면, 비즈니스에서 만나는 사람도 감동하게 할 수 있다. 함께 일하는 직원들과 좋은 관계를 맺고 소통을 잘하는 사람이라면 고객을 감동시키는 일도 거래처와 소통하는 일도 잘할 수 있다.

성공이란 세월이 흐를수록
가족과 주변 사람들이 나를 점점 더 좋아하는 것이다.
– 짐 콜린스

오늘 만나는 사람을 감동하게 할 작은 일을 찾아본다면?

부모도 칭찬받고 싶다

청소년들을 대상으로 조사한 결과, 부모님에게 듣고 싶은 말 1위가 '잘했다'는 칭찬이었다. 그럼 부모가 자녀에게 가장 듣고 싶은 말은 무엇일까? 그 또한 칭찬이다. 그런데 많은 사람이 이렇게 생각한다. '칭찬, 격려, 위로는 주로 부모가 자식에게 하는 것이다'라고.

아니다. 부모도 칭찬받고 싶고 격려나 위로가 필요하다. 나는 여덟 살 때 칭찬을 들으면 기분이 좋았다. 열여덟 살 때도 칭찬을 받으면 흐뭇했다. 예순이 넘은 지금도 칭찬을 들으면 행복하다. 그 누구보다 자식에게 듣는 칭찬이 가장 큰 힘이 된다. 세상의 모든 부모가 그럴 것이다.

무엇이든지 남에게 대접받고자 하는 대로
너희도 남을 대접하라.
— 마태복음 7장 12절

오늘 부모님께 하고 싶은 칭찬과 사랑 표현은 무엇인가?

Today's Review

1 대 1 데이트

아버지가 돌아가신 후 가장 아쉬웠던 점은 집 밖에서 아버지와 단둘이 술자리를 갖거나 여행을 해본 적이 한 번도 없었다는 사실이다. 살아생전에 "아버지, 시간 좀 내주세요. 아버지하고 둘이서만 밥 먹으면서 이런저런 이야기를 하고 싶어요."라고 제안했다면 아버지가 얼마나 좋아하셨을까?

지나고 나니 너무나도 아쉽다. 아이들에게 그런 추억을 만들어주고 싶어 엄마와 둘만의 여행 기회를 몇 번 만들어줬다. 그리고 나도 아이들과 가끔 1 대 1 데이트를 시도한다. 둘이서만 만나면 온 가족이 함께 모일 때와는 완전히 다른 경험을 하게 된다.

가족은 가장 가까운 존재지만,
때론 가장 멀리 떨어져 있는 존재이다.
— 알렉스 헤일리

가족 중 누구와 어떻게 1 대 1 데이트를 시도해볼까?

건네지 않은 선물

인간관계에서 그 사람을 진심으로 좋아하고, 좋아하는 마음을 제대로 전달하는 행동보다 더 중요한 것은 없다. 왜냐하면 사람은 자기를 좋아하는 사람을 좋아하고, 좋아하면 판단할 필요를 느끼지 않기 때문이다.

사랑하는 마음을 가득 담고 있어도 표현하지 않으면, 비싼 선물을 사서 예쁘게 포장까지 해놓고도 상대방에게 건네지 않고 서랍 속에 넣어두는 것과 같다. 종은 울려야 종이고, 사랑은 표현해야 사랑이다. 표현하지 않는 선의는 선의가 아니다. 좋은 생각은 가슴속에만 담아두지 말고, 지금 표현하라!

누군가에게 생애 최고의 날을 만들어주는 것은 그리 힘든 일이 아니다.
전화 한 통, 감사의 쪽지, 몇 마디의 칭찬과 격려만으로 충분하다.
– 댄 클라크

그동안 마음속에만 담고 있었던 좋은 생각(감사, 사과, 존경, 사랑)
을 누구에게 어떻게 표현해볼까?

지나온 길, 가야 할 길

세대 차이를 극복하고 세대 갈등을 줄이는 가장 좋은 방법은 지나온 길을 되돌아보고 앞으로 지나갈 길을 미리 내다보는 것이다. 어린 사람이 실수하면 내가 지나왔던 길을 돌아보면서 '나도 저랬겠지…' 하고 너그럽게 이해해주자. 나이 든 분의 행동이 마음에 안 들면 '나도 저렇게 나이가 들겠구나…' 하면서 측은지심으로 이해하자.

'왜 저렇게밖에 못하지?' 아랫사람을 보면서 성에 안 찰 때가 많다. 지금은 기억이 잘 안 나지만 나 역시 그랬을 것이다. 노인들의 전화벨 소리는 유난히 크다. 통화할 때 목소리도 시끄럽다. '왜 저렇게 소리를 지를까?' 짜증이 난다. 노인성 난청으로 귀가 잘 안 들려서 그런다. 아랫사람 너무 무시하지 말자. 우리도 한때 그랬다. 윗사람이나 나이든 사람 너무 부담스러워하지 말자. 우리도 곧 그렇게 된다.

> 아이를 나무라지 마라. 다 지나온 길이다.
> 노인 비웃지 마라. 다 가야 할 길이다.
> ─ 에이 로쿠스케

나보다 어린 사람의 실수에 화 내고, 나이 든 사람의 행동에 답답했던 경험을 찾아본다면?

만찬 효과

누군가를 식사에 초대하는 것은 그 사람과 친밀감을 형성하기 위해 가장 흔히 사용하는 방법이다. 제사나 축제에서 음식이 빠지지 않는 것도 함께 먹는 것이 친밀감을 강화하기 때문이다. 이처럼 음식을 같이 먹는 사람과 친밀감을 느끼는 것을 만찬 효과(Luncheon Effect)라고 한다.

좋은 관계를 원한다면 함께 식사하라. 되도록 즐거운 자리가 되게 하라. 최소한 불쾌하고 불편하게 만들지는 마라. 식사에 초대했다면 상대가 그 자리를 최고의 자리로 기억할 방법을 찾아보자. 그리하여 함께 밥 먹고 싶은 사람이 되도록 노력하자.

내게 다가온 사람이라면 누구라도 더 행복하고 좋은 기분으로 보내세요.
— 테레사 수녀

함께 식사할 때 즐겁고, '이 사람과는 자주 밥 먹어야지' 하는 생
각이 드는 사람은 누구인가?

Today's Review

더 가까워지고 싶은 사람

사람들은 매력적이거나 강하거나 유능하거나 성공한 사람을 좋아하며 그들 곁에 있고 싶어 한다. 승자와 연결해 자존심을 고양하고 자신을 좀 더 긍정적으로 드러내고 싶기 때문이다. 반면 실패자들을 멀리함으로써 자신의 이미지를 보호하려고 한다.

다른 사람에게 없는 당신만의 뭔가를 갖고 있다면 사람들은 당신과 더 가까이하고 싶어 하며, 더 많은 것을 공유하고, 당신에게 더 많은 것을 제공하고 싶어 할 것이다. 다른 사람들이 자신과의 관계를 자랑하고 싶어 할 수 있는 점이 하나도 없다면 심각하게 자신을 돌아봐야 한다.

> 누군가가 이웃보다 더 좋은 쥐덫을 만들 수 있다면
> 그가 숲속에 집을 짓더라도 세상은 그의 집 앞으로 길을 내줄 것이다.
> ─ 랄프 왈도 에머슨

사람들이 내 곁에 있고 싶어 할 나만의 특별함은 무엇일까?

~~~~~~
~~~~~~
~~~~~~
~~~~~~
~~~~~~
~~~~~~

Today's Review

~~~~~~
~~~~~~
~~~~~~
~~~~~~
~~~~~~

독심술의 오류

인간관계에서 일어나는 가장 치명적인 문제는 지레짐작과 예단이다. 상대의 마음을 지레짐작하면서 독심술가처럼 다 안다고 착각하지 마라. 오해는 상대를 모르면서도 다 안다고 착각하는 데서 시작되고, 갈등의 해결은 모른다는 사실을 인정하는 것에서 시작된다.

'내가 모를 줄 알고?' '안 봐도 뻔하지…' '틀림없이…' 이런 생각은 관계와 소통을 가로막는 첫 번째 장해물이 된다. 이처럼 상대의 마음을 다 안다고 착각하는 것을 독심술(Mind-Reading)의 오류라고 한다. 이는 특히 가족과 같이 가까운 사이에서 더 잘 나타난다. 오랫동안 함께 지내서 잘 안다고 착각하기에 더 그렇다.

무지로 인해 길을 헤매는 경우는 없다.
그저 안다고 믿기 때문에 길을 잃을 뿐이다.
－장 자크 루소

상대를 잘 안다고 착각해서 한 내 말이나 행동 때문에 사이가 나
빠진 일이 있다면?

용건 없이 안부 묻기

어떤 사람이 당신과의 관계를 얼마나 소중하게 여기는지는 아쉬울 게 없을 때 당신에게 어떤 태도를 보이는지 그리고 그가 주로 어떤 상황에서 당신을 찾는지 보면 된다. 물론 다른 사람들 역시 똑같은 방식으로 당신을 평가한다. 좋은 관계를 오래 유지하고 싶다면 용건이 없을 때도 종종 안부를 묻자.

평소엔 연락도 안 하다가 아쉬울 때나 용건이 있을 때만 연락하는 사람. 이런 사람을 끝까지 좋아할 사람은 아무도 없다. 용건 없는 안부 문자나 전화 한 통으로 우리는 얼마든지 베푸는 사람이 될 수 있고, 소중한 인연을 이어갈 수도 있다.

잠들기 전에 보고 싶어
떠오르는 이름 하나 정도는 있어야 인생이다.
— 이외수

오늘 안에 용건 없이 안부를 묻고 싶은 사람은 누가 있을까?

~~~~~~

~~~~~~

~~~~~~

~~~~~~

~~~~~~

~~~~~~

Today's Review

~~~~~~

~~~~~~

~~~~~~

~~~~~~

~~~~~~

사람들을 신으로 착각하지 마라

어떤 사람을 외양만으로 판단한다면 그건 별로 성숙한 태도가 아니다. 하지만 그런 미숙한 사람들로 가득 차 있는 곳이 세상이다. 내면만 중요하고 겉모습은 중요하지 않다고 생각하는 사람은 이 말을 새겨들어야 한다. "신은 너의 내면을 보지만, 사람들은 너의 겉모습을 먼저 본다."

사람들을 신으로 착각하지 말자. 내면도 중요하지만 외모도 중요하다. 복장이나 헤어스타일로 사람을 판단한다고 대놓고 말하는 사람은 없다. 하지만 누구나 어떤 사람을 평가할 때는 그 사람의 겉모습을 먼저 살핀다. 외모가 내면의 또 다른 모습이고, 그 사람이 나를 대하는 태도를 반영하기 때문이다.

복장은 우리가 다른 사람들에게 어떤 사람으로
생각되길 원하는지 보여준다.
－에이미 스마트

나는 다른 사람을 판단할 때 어떤 점을 가장 먼저 보는가?

Today's Review

쉬운 답은 틀린 답이다

상담을 하다 보면 가족을 포함해서 누군가와 갈등이 생겼을 때 마주 앉아 문제 해결을 위해 소통하려 하기보다 일단 피하고 보는 사람들이 많다. 상황이 더 나빠지는 것을 두려워하기 때문이다. 하지만 아인슈타인의 말처럼 "쉬운 답은 결국 틀린 답"일 때가 많다.

갈등이 생기면 피하지 말고 문제에 직면해서 자신의 감정을 솔직하게 표현하고, 문제를 함께 해결하도록 노력해야 한다. 그래야 성숙한 관계로 발전할 수 있다. 단, 조건이 있다. 첫째, 목소리를 낮추고 부드럽게. 둘째, 천천히 차분하게. 셋째, 상대방이 말할 때는 중간에 끼어들지 말고 끝까지 들어야 한다.

그곳을 빠져나가는 가장 좋은 방법은
그곳을 거쳐 가는 것이다.
— 로버트 프로스트

그동안 회피하고 있었지만 마주 앉아 차분하게 소통을 시도해
야 할 사람은 누구인가?

~~~~~~
~~~~~~
~~~~~~
~~~~~~
~~~~~~

Today's Review

~~~~~~
~~~~~~
~~~~~~
~~~~~~
~~~~~~

상대의 마음을 사로잡는 방법

루스벨트와 한 번이라도 이야기를 나눠본 사람이라면 누구나 자신이 존중받았다는 느낌을 받고 그의 박식함에 놀랐다고 한다. 이런 평가는 상대방을 배려하려는 그의 남다른 노력에서 비롯되었다.

루스벨트는 어떤 손님과 만나기로 하면 그 사람의 직업, 가족관계, 취향 등을 미리 파악하고 그 사람이 관심을 가질 만한 주제에 관해 책이나 자료를 조사했다. 그는 타인의 마음을 사로잡는 방법으로 상대에 대해 깊이 이해하고 공통분모를 찾는 것만큼 중요한 것이 없음을 알고 있었다.

사랑받고 싶은가? 사랑하라.
그리고 사랑스럽게 행동하라.
— 벤자민 프랭클린

누군가를 만날 때 상대방을 이해하고 배려하기 위해 어떤 노력
을 하는가?

베풀 때 최대 수혜자

아무리 베풀어도 돌아오는 것이 없고 고맙다는 말도 듣지 못하면 섭섭한 마음이 드는 게 인지상정이다. 그러니 누군가에게 뭔가를 받았다면 당연하게 여기지 말자. 그러나 누군가에게 베풀 때는 보답을 바라지 말자. 대가를 바라지 않고 베푸는 것이 진정한 친절이다.

먼저 베풀어도 당장 돌아오지 않을 때가 많다. 그렇다고 너무 실망하지 말자. 씨앗 10개를 뿌렸다고 열 그루 나무가 되지 않는다. 모든 나무에서 수확할 수도 없다. 하지만 살아남은 몇 그루에서 뿌린 것보다 더 많은 것을 거둔다. 남에게 베풀고 보답을 받지 못하면 손해라고 생각하지만, 먼저 베풀면 자존감이 높아지고 기분도 좋아진다. 먼저 베풀 때 최대 수혜자는 우리 자신이다.

> 보답을 바라지 않고 진심으로 누군가를 위해 뭔가 해주는 것보다
> 더 행복하고 성취감을 주는 일은 없다.
> ─ 나빈 자인

대가나 보답을 기대하지 않고 베푼 나의 작은 친절에 감사 인사
를 받았던 경험은 무엇이 있는가?

보시의 두 가지 뜻

"됐어요." "괜찮아요." "아닙니다." "필요 없어요." 사심 없이 주고 싶어 건넸는데 상대가 완강하게 사양해서 건넨 손이 민망했던 경험이 있을 것이다. 미안해서, 부담스러워서, 쑥스러워서, 왠지 덥석 받으면 안 될 것 같아서, 한두 번은 사양해야 할 것 같아서 등의 이유로 우리는 상대방의 호의를 거절한다.

불가에서는 주는 것도 보시(布施)지만 잘 받아주는 것도 보시라고 한다. 베풀든 받든 상대를 기쁘게 하고 이익이 되게 하는 것이라면 모두 공덕(功德)이고 보시다. 남에게 호의를 베풀면서 기쁘고 행복한 적이 있다면, 다른 사람에게도 그런 기회를 허용해야 한다. 사심 없이 호의를 베풀려는 사람에게는 너무 매몰차게 거절하지 말고, 기쁜 마음으로 받고 진심으로 고맙게 생각하면 된다. 그리고 상대방이나 다른 사람에게 친절과 호의로 보답하면 된다.

모두가 위대한 일을 할 수는 없다.
그러나 작은 일을 위대한 사랑으로 할 수는 있다.
— 테레사 수녀

누군가 나에게 선물을 줄 때 나는 주로 어떤 반응을 보이는가?

~~~~~~

Today's Review

~~~~~~

기대치 위반 이론

우리는 어디서 누구와 무엇을 하건 세 부류 중 한 부류로 정리가 된다. 첫째, 기대에 못 미쳐 상대를 실망시키는 '기대 미달' 부류. 둘째, 상대의 기대를 만족시키는 '기대 충족' 부류. 셋째, 상대의 기대를 만족시키고, 거기에 아주 작은 1% 특별한 서비스(Extra Service)를 추가해서 상대방을 감동하게 하는 '기대 위반' 부류.

심리학에서는 세 번째 부류처럼 상대방의 기대치를 위반해서 상대를 감동하게 하는 것을 기대치 위반 이론(Expectation Violation Theory)이라고 한다. 이 정도면 됐다고 생각될 때, 조금 더 추가하라. 예상을 깨고 기대치를 위반하라. 인생의 성패는 의무적으로 해야 할 일을 다 한후, 아주 작은 것이라도 추가해서 상대를 감동하게 할 수 있는지 여부에 의해 결정된다.

> 성공의 가장 큰 중요한 원칙은
> 한 걸음 더 나아가는 습관을 기르는 것이다.
> ─나폴레온 힐

나는 사람을 대하거나 일할 때 세 부류(기대 미달, 기대 충족, 기대 위반) 중 어디에 속할까?

~~~~~~

~~~~~~

~~~~~~

~~~~~~

~~~~~~

Today's Review

~~~~~~

~~~~~~

~~~~~~

~~~~~~

~~~~~~

고집

생각을 바꾸는 비결

"갈등의 싹이 트려고 할 때, 누군가와 맞서게 될 때, 이 주문을 마음속으로 세 번만 반복하세요. 어떤 언어로든 진심으로 세 번만 되뇌인다면, 여러분의 근심은 여름날 아침 풀밭에 맺힌 이슬처럼 사라질 것입니다. '내가 틀릴 수 있다' '내가 틀릴 수 있다' '내가 틀릴 수 있다'."
– 비욘 나티코 린데블라드

벽창호와 같이 고집불통인 사람들, 도무지 대화가 안 통하고 공감과는 거리가 먼 사람들, 선입견과 편견으로 가득 찬 사람들. 이들에겐 한 가지 공통점이 있다. 자기가 틀릴 수도 있다는 생각을 하지 못한다는 점이다. 더 많은 가능성을 찾고, 창의성을 키우면서 원만한 관계와 유연한 사고의 소유자가 되고 싶다면 무엇보다 내 생각이 틀릴 수도 있다는 사실을 받아들여야 한다.

당신이 사각지대를 가지고 있다는 사실을 알고 있다면,
그것을 보는 방법을 찾을 수 있다.
– 레이 달리오

'내 생각이 틀릴 수도 있다'는 주문을 외워보면 좋을 상황을 떠올려본다면?

세상은 우리의 거울이다

길 가던 나그네가 물었다 "이 동네로 이사할까 하는데, 이 동네 사람들은 어떤가요?" 농부가 되물었다. "댁이 살던 동네 사람들은 어땠나요?" "모두 짜증만 내는 사람들이라 이사하려고 합니다." 그러자 농부가 대답했다. "이 동네에도 그런 사람들이 삽니다."

또 다른 나그네가 나타나 똑같은 질문을 주고받았다. 그런데 마지막 부분이 달랐다. "제가 살던 동네 사람들은 모두 정말 좋은 사람들입니다. 그런데 사정이 있어 어쩔 수 없이 이사해야 합니다." "여기도 착한 사람들이 많습니다." 상담을 하다 보면 부모형제를 포함해서 만나는 모든 사람이 마음에 안 든다고 투덜거리는 사람들이 많다. 가는 곳마다 짜증 나는 사람을 만난다면 다른 사람들을 탓하기 전에 항상 그 자리에 누가 있었는지 먼저 살펴봐야 한다.

인생은 거울이다.
그 앞에서 얼굴을 찌푸리면, 그 또한 똑같은 표정을 짓는다.
그 앞에서 미소를 지으면, 그 또한 인사를 보낸다.
– 윌리엄 M. 새커리

친하게 만나는 사람들의 특징을 한마디로 어떻게 설명할까?

유머 감각이 있는 사람

유머가 풍부한 사람들은 어딜 가나 인기가 많다. 그들과 함께 있으면 무얼 해도 즐겁다. 그들 주변에는 항상 사람들로 북적이며, 그들은 어딜 가나 주목받는다. 사람들을 웃게 만드는 사람은 자석처럼 사람들을 끌어당긴다. 무슨 일을 하든지 다른 사람들의 협력과 지지를 쉽게 얻어낸다. 그래서 그들은 리더가 되고 성공할 가능성도 크다.

'내가 무슨 수로 사람들을 웃겨?'라고 생각하는 사람들이 있다. 너무 실망할 필요는 없다. 웃기지 못하면 웃는 쪽을 선택하면 된다. 사람들은 유머 감각이 있는 사람을 좋아하지만 자기를 보고 잘 웃어주는 사람을 더 좋아한다.

내가 좋아하거나 존경하는 사람들의 공통분모는 찾을 수 없지만,
내가 사랑하는 사람들의 공통된 특징은 찾을 수 있다.
그들은 나를 웃게 만든다.
— W.H. 오든

대화할 때 잘 웃어주어서 좋아진 사람은 누구인가?

빈틈 효과

청산유수처럼 유창하게 연설을 끝낸 한 초선의원이 20세기 최고 웅변가 처칠에게 의기양양하게 다가가 연설에 대한 피드백을 부탁했다. 칭찬을 기대한 그의 생각과 달리 처칠은 이렇게 충고했다. "다음부터는 좀 더듬거리게." 말이 너무 매끄러우면 신뢰감이 떨어지고 자칫 경박스럽다는 인상을 줄 수도 있다는 말이었다.

어떤 사람이 약간의 빈틈을 보이거나 자기의 결점을 스스럼없이 드러낼 때 그 사람에 대한 호감도는 증가한다. 왜냐하면 그런 사람들에겐 왠지 자기의 결점을 드러내도 괜찮을 거 같아 친근감이 느껴지고, 그런 사람이 더 진솔하다고 믿기 때문이다. 심리학에서는 이를 실수 효과(Pratfall Effect) 또는 빈틈 효과(Spacing Effect)라고 한다.

내 친구는 완벽하지 않다. 나도 마찬가지다.
그래서 우리는 정말 잘 맞는다.
― 알렉산더 포프

스스럼없이 빈틈을 드러내서 오히려 더 호감이 생긴 사람은 누구인가?

자존감이 높은 사람

왜 사람들은 모르는 것을 모른다고 말하지 못할까? 자존심이 상하고 무시당할 수 있다고 생각하기 때문이다. 하지만 사람들은 잘난 체하는 사람보다 모른다는 사실을 인정하고 자기에게 가르쳐달라고 요청하는 사람을 훨씬 더 좋아한다.

모르면 모른다고 말하고, 때로는 나보다 어린 사람에게도 가르침을 요청하자. 자존감이 높은 사람은 모르면 모른다고 진솔하게 인정하고 가르침을 요청할 줄 안다.

나는 대답을 빨리 해서 사람들을 기쁘게 하는 재주가 있다.
잘 모르는 게 있으면 "나는 모른다."고 말한다.
— 마크 트웨인

모른다는 사실을 인정하고 누구에게 도움을 요청할까?

메라비언의 법칙

어떤 여자가 환하게 미소 띤 얼굴에 그윽한 눈빛으로 남자를 올려다 보면서 약간 비음이 섞인 감미로운 목소리로 "당신 미워!"라고 말한다. 그러면 남자는 여자가 자기를 미워한다는 말로 들을까? 아니면 사랑한다는 메시지로 이해할까?

그 어떤 관계에서든 말의 내용은 생각처럼 중요하지 않다. 목소리 톤이나 말하는 속도, 말투, 눈빛과 표정이 훨씬 더 중요하다. 심리학에서는 이를 메라비언의 법칙이라고 한다. 대화가 안될 때 '좋은 말 해 줬는데 왜 그래?'라거나 '내가 틀린 말 했어?'라고 속으로 투덜거리는 사람들이 많다. 말이 안 통한다는 생각이 들면 상대방을 탓하지 말고 자신의 말투와 눈빛, 표정을 점검하라.

사람들은 당신이 한 말은 금방 잊어버린다.
하지만 당신이 그들에게 준 느낌은 두고두고 기억할 것이다.
—워렌 비티

내 말투, 눈빛과 표정은 사람들에게 어떤 느낌과 메시지를 전달하고 있을까?

커뮤니케이션의 제1원칙

커뮤니케이션의 제1원칙은 아무리 A라고 말했더라도 듣는 사람이 B라고 들었다면 그건 우리가 B를 말했다는 것이다. 우리가 아무리 A를 행했다고 해도 상대방이 B라고 느꼈다면 그건 B를 행한 것이다.

당신이 친구 세 명과 똑같은 상황에 함께 있다고 해도 친구들은 당신과 전혀 다른 방식으로 상황을 걸러낸다. 그들은 당신의 눈을 통해 세상을 볼 수 없으며 그들의 필터는 당신의 필터와는 다르기 때문이다.

사랑이란,
자신과 다른 방식으로 느끼며 다르게 살아가는 사람을 이해하고 기뻐하는 것이다.
– 니체

다른 사람과 소통할 때 가장 어려운 점은 무엇인가?

기술

사랑은 기술이고 예술이다

사랑은 저절로 우러나는 감정이라고 생각하는 사람이 많다. 나는 아니라고 생각한다. 이성 간의 사랑뿐만 아니라 친구 간의 우정, 부모와 자식 간의 사랑, 심지어 자신에 대한 사랑도 그냥 저절로 생기는 것은 없다.

사랑이란 의도적으로 선택하고 연습해야 하는 기술(skill)이며 동시에 예술(art)이다. 세상에 저절로 되는 기술과 예술은 없다. 반드시 의도적으로 선택하고 노력해야 하며, 끊임없이 공부하고 연습해야 한다.

꽃을 사랑한다고 말하면서도 꽃에 물 주는 것을 잊어버린 여자를 본다면
우리는 그녀가 꽃을 사랑한다고 믿지 않을 것이다.
사랑은 사랑하고 있는 자의 생명과 성장에 대한 우리들의 적극적 관심이다.
이러한 적극적 관심이 없으면 사랑도 없다.
― 에리히 프롬

가까운 사람들과 더 잘 지내기 위해 내가 공부하고 연습해야 할 기술은?

대화의 1:2:3 법칙

대화하면서 가장 자주 들리는 소리가 자기 목소리라면 그로 인해 잃는 것이 무엇인지 냉정하게 생각해봐야 한다. 세상은 말 잘하는 사람보다 잘 들어주는 사람을 좋아한다. 상대의 마음을 열려면 먼저 내 귀를 열어야 한다. 사람을 움직이는 힘은 입이 아니라 귀에서 나온다.

좋은 관계를 유지하고 싶은가? 그렇다면 대화의 1:2:3 법칙을 명심하라.

1. 1분 동안 말을 했다면

2. 2분 이상 상대방의 말을 귀 기울여 듣고

3. 적어도 세 번은 진심을 담아 공감하는 리액션(반응)을 하라.

듣고 있으면 내가 이득을 얻고, 말하고 있으면 남이 이득을 얻는다.
– 아랍 속담

상대의 말을 듣기보다 내 말을 더 많이 할 때 내가 잃는 것은 무엇일까?

과정 지향 칭찬

세상에 칭찬만큼 사람을 고무시키는 것은 없다. 하지만 칭찬을 효과적으로 하려면 자신이 어떤 방식으로 칭찬하는지 먼저 점검해야 한다. 심리학에서는 칭찬을 두 가지 유형으로 나눈다. 첫째는 칭찬받을 결과를 만들어냈을 때 해주는 결과 지향 칭찬(Outcome Praise)이다. 둘째는 결과를 만들어내기 위해 노력하는 과정을 칭찬하는 과정 지향 칭찬(Process Praise)이다.

결과 지향 칭찬은 성과를 낼 때만 칭찬해줄 수 있으므로 칭찬 기회가 한정되고, 실패했을 때는 칭찬받지 못하므로 쉽게 좌절감을 겪고 과정 자체를 즐기지 못해서 결국 포기하게 만든다. 반면, 과정 지향 칭찬은 얼마든지 칭찬 거리를 찾아낼 수 있고, 노력하는 과정에서 칭찬받을 수 있으므로 좌절감을 겪지 않고 과정 자체를 즐기면서 끝까지 노력할 수 있게 해준다.

과정을 칭찬하라. 그러면 발전할 것이다.
— 존 C. 맥스웰

나는 누구에게 과정 지향 칭찬을 시도해볼까?

너무 멀지 않게, 너무 가깝지도 않게

상대가 말하고 싶어 하지 않는 부분까지 시시콜콜 알려고 하는 것은 관심이 아니라 일종의 침범이다. 도움을 청하지 않은 일까지 일일이 관여하는 것은 배려가 아니라 간섭이다. 그것은 상대가 지키고 싶어 하는 경계를 넘는 무례한 행동이다.

너무 멀리하면 남이 되기 쉽다. 너무 가까이하면 상처를 주기 쉽다. 그러니 누구하고든 좋은 관계를 오래 유지하고 싶다면, 너무 멀지 않게 너무 가깝지도 않게 적당히 거리를 유지해야 한다.

모든 인간관계는 서로에 대한 적절한 거리감을 유지하면서 시작된다.
─ 존 C. 맥스웰

좋은 관계를 유지하기 위해 알면서도 모른 척해야 할 일은 무엇
인가?

토니의 충고

고마우면 고맙다고 하고 좋아하면 좋아한다고 말하자. 잘못한 게 있다면 잘못을 인정하고 진심을 담아 미안하다고 사과하자. 자존심 세우지 말고 용기 내서 표현하자. 고마워! 사랑해! 미안해!

"먼저 연락하세요." "나라면 안 기다릴 거예요." "외로워도 먼저 손 내미는 걸 두려워하는 사람들이 많거든요." 영화 〈그린북〉에서 동생과 사이가 틀어진, 박사학위를 세 개나 보유한 피아니스트 셜리 박사에게 그의 운전기사 토니가 해준 충고다.

> 용기란 가장 중요한 것을 얻기 위해
> 두 번째, 세 번째 중요한 것을 버릴 수 있는 것이다.
> ― 폴 틸리히

용기 내서 먼저 다가가고 싶은 사람은 누구인가?

사람들이 화를 내는 진짜 이유

당신이 만약 어떤 일로 화가 난다면 진짜 이유는 그 일 자체보다 상대방이 보인 태도 때문인 경우가 많다. 상대방이 이해하려고 노력하지 않았거나 존중받지 못했다고 생각할 때 사람들은 화를 낸다. 이해받고 존중받는 것은 인간의 기본적인 욕구이기에 그렇다.

제품에 불만을 품고 화를 내는 고객에게 객관적인 사실을 열거하면서 논리적으로 설명하는 것은 화를 누그러뜨리는 데 별로 도움이 되지 않는다. 무엇보다 먼저 그를 이해하고 존중하고 있다는 것을 보여줘야 한다. 존중받고 있다고 생각하면 더는 화를 내기 힘들어진다.

나는 직원들을 만날 때마다 그들의 가슴에
'나는 존중받고 싶다'라고 쓰인 목걸이를 차고 있다고 생각하고, 그들을 대한다.
— 메리 케이 애시

최근 누군가에게 화가 났다면 그 진짜 이유는 무엇이었나?

주도적으로 산다는 것

사람들은 왜 모르면서 모른다고 말하지 않고, 도움이 필요한데도 도움을 청하지 않을까? 상대방이 무시하거나 도움을 거부할 것이라 생각하기 때문이다. 또 도움을 요청하는 것은 의존적인 사람들이나 하는 일이며, 주도적인 사람은 남에게 의존하면 안 된다고 생각하기 때문이다.

도움이 필요할 때는 도움을 요청하자. 적극적으로 도움을 요청할 줄도 알아야 자기 삶을 보다 주도적으로 살 수 있다. 최선을 다한다는 말 속에는 다른 사람에게 도움을 요청하는 것까지 포함되며, 그것은 가장 주도적인 행위 중 하나다.

'부탁드립니다'와 '고맙습니다'는 마법의 말이다.
만일 당신이 좋은 일이 생기기를 바란다면 그 말을 하면 된다.
— 필 파커

오늘은 누구에게 어떤 작은 부탁 한 가지를 해볼까?

거절할 수 있는 용기

내키지 않는 요청을 지혜롭게 거절하는 기술은 도움이 필요할 때 도움을 요청하는 기술과 함께 행복한 삶을 살기 위해 익혀야 할 가장 중요한 기술 중 하나다. 도움이 필요할 때 도움을 요청할 수 있는 용기만큼 중요한 것이 있다. 싫을 때 싫다고 거절할 수 있는 용기다.

상대방에 대한 배려심 때문에 차마 거절할 수 없었다고 말하는 사람이 많다. 하지만 그들의 마음을 깊이 들여다보면 상대방에 대한 '배려' 때문이 아니라 거절할 '용기'가 없어서인 경우가 더 많다. 꼭 들어줘야 할 부탁이면 최선을 다해 도와주고, 부당하거나 들어줄 수 없는 부탁이면 망설이지 말고 정중하게 거절하자.

저녁 초대를 거절할 수 있는 사람이 진정 자유로운 사람이다.
－줄로 레나드

용기를 내서 정중하게 거절해야 할 일은 무엇일까?

~~~~~~

~~~~~~

~~~~~~

~~~~~~

~~~~~~

~~~~~~

Today's Review

~~~~~~

~~~~~~

~~~~~~

~~~~~~

~~~~~~

이웃집 남자

우리 자신을 불행하게 만들기는 쉽다. 나보다 나은 사람을 찾아내 그와 비교하면 된다. 누군가를 화나게 만들기 역시 쉽다. 그 사람이 자랑스럽게 생각하는 것 한 가지를 말하게 한 다음 그보다 더 잘하는 사람이 있다고 말해주면 된다. 비교는 세 사람을 잡는다. 첫째, 비교당하는 사람. 둘째, 비교 대상. 셋째, 비교하는 사람.

"남편들이 가장 싫어하는 사람은 누구일까?" 한 여성잡지에서 설문조사를 한 결과, 1위는 '이웃집 남자'였다. 우리는 사실에 근거해 설득력을 높이기 위해 그리고 더 분발하기를 바라는 마음으로 더 나은 누군가와 비교하면서 상대의 문제를 지적한다. 하지만 이럴 때 원하는 것을 얻기는커녕 잃는 것만 수두룩하다.

비교는 행복의 끝이요, 불만의 시작이다.
― 키에르케고르

누군가와 비교당해서 기분 나빴던 일을 떠올려본다면?

쿨하게 사는 법

지나친 관여는 관심이 아니라 간섭이고 침범이다. 인간관계 갈등은 대개 과제 분리(Seperation of Task)가 안 돼서 생긴다. 과제 분리란 내가 해야 할 일과 남이 해야 할 일을 명확하게 구분하고, 과도하게 의존하거나 간섭하지도 않으면서 타인과 적절히 거리를 유지하는 것을 말한다. 성숙한 관계란 과제 분리를 통해 적절한 거리를 유지하는 관계다.

과제 분리가 잘 되면 남의 일에 간섭하지 않고 남의 평가에 휘둘리지 않는다. 나에 대한 그의 평가는 그의 과제이고, 그의 평가에 대한 나의 반응은 내 과제이다. 자녀에게 잔소리하면서 짜증 내는 것도 과제 분리를 하지 못하기 때문이다. 과제 분리가 잘 되면 자녀가 말을 안 들어도 화가 나지 않는다. 조언하는 것은 내 과제이고 들을지 말지를 선택하는 것은 자녀의 과제라고 생각하기 때문이다.

타인과의 교류에서
가장 큰 실수는 자기 생각을 남에게 강요하는 것이다.
─ 나폴레온 힐

내가 과제 분리를 제대로 하지 못하고 있는 일은 무엇인가?

~~~~~~
~~~~~~
~~~~~~
~~~~~~
~~~~~~
~~~~~~

Today's Review

~~~~~~
~~~~~~
~~~~~~
~~~~~~
~~~~~~

잔소리 대처법

충고나 잔소리 때문에 스트레스를 심하게 받는다면 그건 두 가지 자유를 수용하지 못해서다. 첫째, 말하는 사람이 말하고 싶은 자유. 둘째, 듣는 사람인 내가 취사선택할 수 있는 자유. 해결 방법은 간단하다. 첫째, 말하고 싶은 사람의 자유를 존중해준다. 둘째, 들을지 말지 취사선택은 내 자유라고 생각한다.

잔소리를 들어야 하는 처지라면 상대방이 말하고 싶은 자유를 존중하고 진지하게 듣되 선택은 내가 한다고 생각하면 된다. 잔소리할 수밖에 없는 처지라면 말하는 건 내 자유지만, 따를지 말지는 상대가 선택할 수 있다고 생각하자. 아이에게 조언할 때, "아빠는 이랬으면 좋겠지만 선택은 네가 해라."라는 식으로 상대의 자유를 존중해주면 스트레스와 갈등의 소지가 줄어든다.

> 우리는 거의 언제나 선택권을 가지고 있고,
> 그 선택이 훌륭할수록 우리의 인생을 더 잘 통제할 수 있다.
> ─ 윌리엄 글래서

잔소리 들어야 하는 사람과 잔소리 해야 하는 사람을 한 명씩
떠올리면서 더 지혜롭게 행동할 수 있는 방법을 찾아본다면?

상처받았을 때

지나가는 말로 툭 던진 어떤 사람의 말 한마디로 소중한 내 삶을 망치지 말자. 불에는 불로 맞서지 말고 적개심으로 에너지를 탕진하지도 말자. 상처 준 사람을 곱씹으면서 그가 우리의 기분이나 생각, 더 나아가 우리의 인생을 좌지우지하게 놔두지 말자.

다른 사람에게 상처받으면 누구나 마음이 괴롭다. 하지만 그릇의 크기는 일이 잘 돌아갈 때가 아니라 일이 제대로 풀리지 않을 때, 다른 사람에게 상처받았을 때 더 쉽게 드러난다는 사실을 명심하자.

상처받았을 때, 그것이 당신의 인격을 시험한다.
그리고 당신이 어떻게 행동하는가로
자신의 크기를 보여줄 것이다.
— 로버트 그린 이너스

누군가에게 상처받았을 때 나는 어떤 식으로 대처하는가?

233

사람들은 관심 없다

참고는 하자. 그러나 다른 사람들의 말에 너무 휘둘리지는 말자. 남들의 평가에 연연하지도 말자. 모든 사람이 나에게 관심 두기를 바라지도 말자. 남에게 해가 되지 않는 일이라면 남의 눈치 너무 보지 말고 하고 싶은 대로 하자. 그리고 자신의 선택에 책임을 지자.

언젠가 동료 교수 한 명이 남들의 평가나 시선에서 자유로워질 수 있는 비결을 묻기에 이렇게 대답했다. "사람들은 생각만큼 우리에게 관심이 없다는 것을 받아들이고, 자신의 선택에 책임을 지고 욕먹을 각오를 하면 됩니다." 세상 사람들은 생각만큼 우리에게 별로 관심이 없다. 우리가 다른 사람들에게 별로 관심이 없는 것처럼….

마음의 평정을 향한 첫걸음은
'다른 사람들이 나를 어떻게 생각할까'에 대한 생각을 떨쳐버리는 것이다.
— 디오게네스

사람들 눈치 보지 않고 좀 더 자유롭게 해보고 싶은 일은 무엇인가?

그러거나 말거나

멘탈이 약한 사람들은 다른 사람들의 비난이나 평가에 지나치게 의미를 부여하면서 민감하게 반응한다. 화가 나 혼자 씩씩거리거나 곱씹으면서 스스로 상처를 받는다. 그러나 멘탈이 강한 사람들은 똑같은 상황이라도 각을 세워 일일이 반응하지 않고 곱씹지도 않는다.

그들에게는 비장의 무기가 있다. 남들이 어떻게 나오건 '그러거나 말거나' 하면서 신경 쓰지 않는다. 그러니까 그들은 다른 사람들의 말과 행동에 휘둘리지 않고 상처받지도 않는다. 주변 사람들이 신경 쓰이거나 짜증 나는 일이 생기면 주문처럼 되뇌어보라. '그러거나 말거나!' 그러면 마법처럼 마음이 평안해진다.

소음 같은 다른 사람들의 말에 신경 쓰지 말고
당신 안의 목소리를 들어라.
– 스티브 잡스

신경 쓰이는 사람 한 명을 찾아, '당신이 그러거나 말거나'라고
생각을 바꿔본다면?

제공

퍼주고 망한 장사 없다

"퍼주고 망한 장사 없다."라는 옛말이 있다. 최고의 판매 전략은 고객들에게 '본전 뽑았다'는 생각이 들게 하는 것이다. 제품을 구매하는 과정에서 감동한 고객은 다시 찾거나 새로운 고객을 소개해 이에 보답한다. 결과적으로 더 많이 제공하면 더 많은 것을 얻게 된다.

인간관계와 비즈니스 성공 비결 제1조는 상대에게 이익을 주는 것이다. 사람들에게 물질적 이익뿐 아니라 즐거움과 감동 같은 정신적 이익을 준다면 당신은 그들에게 소중한 사람이 된다. 사람들은 자기에게 소중한 사람에게는 무엇이건 주고 싶어 한다. 결과적으로는 더 많은 것을 얻게 된다. 무엇을 심든 심는 대로 거둔다.

부자가 되고 싶은가?
다른 사람을 부자로 만들어줘라.
ㅡ앤드류 카네기

238

오늘 누구에게 어떤 이익이나 감동, 즐거움을 줄 수 있을까?

~~~~~~

~~~~~~

~~~~~~

~~~~~~

~~~~~~

Today's Review

~~~~~~

~~~~~~

~~~~~~

~~~~~~

끝은 또 다른 시작

어떤 사람의 그릇 크기는 시작이 아니라 끝, 더는 얻을 것이 없다고 생각할 때나 거래가 끝나 다시 만날 필요가 없다고 생각할 때의 처신으로 판가름 난다. 사이가 틀어지면 언제 또 보겠냐는 생각을 할 수도 있다.

그러나 어떤 끝이든 그것은 새로운 시작일 뿐이다. 우리말 '끄트머리'는 끝과 머리를 합쳐놓은 것으로, 끝은 또 다른 시작이라는 의미를 담고 있다. 인간관계도 비즈니스도 끝은 또 다른 시작이고, 끝이 좋아야 시작이 빛나는 법이다.

끝 조절을 처음처럼 하면 실패하는 일이란 결코 없다.
— 노자

'끝마무리를 좀 더 잘했더라면…' 하는 아쉬움이 남은 일은 무엇인가?

_____

4장

자아실현을 위한 질문

우리가 가진 능력은
쓰이기 위해 아우성치고 있다.
우리가 자신의 능력을 최대한 발휘할 때만
이러한 내면의 아우성을 잠재울 수 있다.

– 에이브러햄 매슬로우

모든 결과에는 원인이 있다

인생이 원하는 대로 흘러가지 않는다면 무엇보다 먼저 자신을 돌아봐야 한다. 모든 결과에는 원인이 있다. 행복한 삶을 사는 사람들은 행복할 만한 이유가 있고, 불행한 삶을 사는 사람들 역시 그럴 만한 이유가 있다. 그 핵심은 습관이다.

원하는 인생을 살기 위해서 가장 먼저 해야 할 일은 자신의 삶을 결정하는 습관이 무엇인지 파악하고, 나쁜 습관을 아직 버리지 못하는 이유를 깨닫는 것이다. 그리고 변화를 시도해야 한다. 늘 하던 것만 하면 늘 얻던 것만 얻는다.

모든 성공과 실패의 95%는 습관이 결정한다.
— 린든 존슨

가장 시급하게 바꿔야 할, 안 좋은 내 습관은 무엇일까?

1%면 충분하다

결과를 바꾸고 싶다면 반드시 원인을 바꿔야 한다. 그러나 지금까지의 삶이 기대와는 정반대로 전개되고 있다고 해서 항상 180도 전환이 필요한 것은 아니다. 오히려 1도의 관점 전환과 1퍼센트의 행동 변화만으로도 충분한 경우가 더 많다.

사소한 일도 부정적인 관점에서 접근하면 커다란 문제로 발전하고, 반대로 작은 일도 긍정적인 방향으로 지속하면 위대한 성취로 이어진다. 1%의 미세한 차이가 180도 다른 결과를 가져올 수 있다는 사실을 받아들인다면 조만간 우리의 삶은 완전히 다른 방향으로 전개될 것이다.

사람들이 꿈을 이루지 못하는 한 가지 이유는
그들이 생각을 바꾸지 않고 결과를 바꾸고 싶어 하기 때문이다.
— 존 맥스웰

오늘, 관점을 1도 바꾸고 행동을 1% 다르게 해서 변화를 시도
해볼 일은?

당장 중단해야 할 것

상담받는 사람들은 자신의 현재 상태에 대한 책임이 자기에게 있다는 사실을 깨달을 때까지 좀처럼 변화를 시도하지 않는다. 타인이나 안 좋은 상황, 자신 이외의 어떤 것 때문에 고통을 겪는다고 생각하는데 뭐하러 자기 변화를 시도하겠는가.

변화를 원한다면 무엇보다 먼저 자신이 겪고 있는 문제를 환경이나 다른 사람 탓으로 돌리는 생각과 행동을 중단해야 한다. 그리고 자기 자신에게서 문제의 원인을 찾아야 한다. 그래야 스스로 해결책도 찾아낼 수 있다.

당신이 확신하고 개선할 수 있는
우주의 유일한 구석이 있다면 그것은 당신 자신이다.
— 올더스 헉슬리

그동안 남 탓을 했던 일 중 문제의 원인을 나에게서 찾아볼 만한
일은 무엇인가?

~~~~~~

~~~~~~

~~~~~~

~~~~~~

~~~~~~

Today's Review

~~~~~~

~~~~~~

~~~~~~

~~~~~~

~~~~~~

예측

예측지능

상담하다 보면 노후에 인생을 후회하는 사람들을 만나게 된다. 그들에겐 한 가지 공통점이 있다. 평소에 멈추고 생각할 시간을 갖지 않는다는 것이다. 그들은 어느 날 문득 거울 속에서 초라하게 늙은 사람을 만나게 된다. 그리고 이렇게 한탄한다. "이것이 진정 내 인생이란 말인가!"

가끔 하던 일을 멈추고 생각할 시간을 가져보자. 그리고 원하는 미래를 그려보고 그 미래를 위해 지금 무엇을 선택할지 생각해보자. '이 일을 선택하면 어떤 일이 일어날까? 그리고 그 일은 어디로 이어질까?' 심리학에서는 이를 예측지능(Predictive Intelligence)이라고 한다.

성공과 행복의 열쇠는
미래를 내다볼 줄 아는 장기적인 전망(Long-Term Perspective)이다.
– 에드워드 벤필드

지금처럼 살면 10년 또는 20년 후 내 인생은 어떤 모습일까?

~~~~~~

~~~~~~

~~~~~~

~~~~~~

~~~~~~

~~~~~~

~~~~~~

~~~~~~

~~~~~~

~~~~~~

'때문에' vs '덕분에'

실패한 사람들은 지금과는 다른 삶을 갈망하지만, 지금까지와 다른 방식으로 살려고 시도하지 않는다. 그들 대부분은 '~때문에'라는 말을 입에 달고 다니면서 세상을 원망하고 다른 사람들을 탓한다.

생각의 각도를 바꿔 '~때문에'를 '~덕분에'로 바꾸면 운명이 달라진다. 네가 늦게 왔기 때문에…(짜증 나잖아). 네가 늦게 온 덕분에…(책 한 권을 다 읽었다). '때문에'는 원망을 만들고, '덕분에'는 감사를 낳는다.

우리가 어떤 일을 감히 하지 못하는 것은 그 일이 너무 어렵기 때문이 아니라
어렵다는 생각에 사로잡혀 그 일을 시도하지 않기 때문이다.
— 세네카

'~때문에'라고 생각하면서 타인이나 상황을 탓하고 원망했던
일을 찾아 '~덕분에'로 생각을 바꿔본다면?

253

Change Big? Try Small!

"젊은이들이여, 야망을 품어라!(Boys, Be Ambitious!)" 미국 매사추세츠 주립대학교 농대학장으로 일본의 근대화 정책을 돕기 위해 파견되었던 윌리엄 클라크 박사가 절망에 빠진 일본의 젊은이들에게 해준 참으로 멋진 말이다. 하지만 나는 구체적인 목표와 실천 없이 원대한 야망을 품었다는 이유만으로 성공한 사람을 주변에서 한 명도 본 적이 없다.

꿈이 크면 성공 가능성도 클 것으로 생각하지만, 막연한 야망은 오히려 좌절감의 근원이 된다. 많은 사람이 '목표'라고 하면 거창하고 원대한 것이어야 한다고 생각한다. 그래서 목표를 설정하지도 못하고 달성하지도 못한다. 우리에게 필요한 것은 크고 원대한 야망이 아니다. 아주 사소한 일이라도 달성 가능성이 큰 목표를 갖는 것이 중요하다. Change Big? Try Small!

세상의 어려운 일은 모두 쉬운 일에서 비롯되고, 세상의 큰일은 반드시 작은 일에서 시작된다.
- 노자

오늘 안으로 달성할 수 있는 아주 작은 목표 하나를 세워본다면?

분할

자기 효능감

엄두가 나지 않는 목표를 달성하는 가장 효과적인 방법은 목표를 작게 쪼개는 것이다. "코끼리를 어떻게 먹어야 할까?" 가장 효과적인 방법은 한 번에 한 입씩 먹는 것이다. "기왓장 10장을 가장 쉽게 깨는 방법은?" 한 번에 한 장씩 깨는 것이다.

세발자전거를 타면 일반 자전거를 곧 타게 된다. 글자를 배우다 보면 책을 읽게 되고, 읽다 보면 책을 쓰게 된다. 이처럼 머릿속에 '~을 해 냈다면 ~도 할 수 있다'는 생각이 우리 뇌에 자리 잡게 되는데, 이를 심리학에서는 자기 효능감(Self-Efficacy)이라고 한다.

쉬워 보이는 일도 해보면 어렵다.
못할 것 같은 일도 시작해보면 이루어진다.
— 채근담

엄두가 나지 않아 시도조차 못했지만 작게 쪼개서 당장 시작할
수 있는 일은 무엇인가?

모든 구기 종목의 행동강령 1호

헝가리 축구 영웅 페렌츠 푸스카스는 성공 비결을 묻는 기자에게 이렇게 대답했다. "틈만 나면 축구를 합니다." 공을 찰 수 없을 때는? "축구에 관한 대화를 합니다." 그러면 대화를 할 수 없을 때는? "축구에 대해 생각합니다."

탁구에서 골프에 이르기까지 공을 사용하는 모든 구기 종목의 행동강령 1호는 '공에서 눈을 떼지 마라'이다. 목표를 달성하고 싶다면 목표에서 생각의 끈을 놓지 말아야 한다. 매일 목표와 관련된 생각을 하고, 책을 읽고, 그 분야에서 성공한 사람을 찾아보고 지켜보고 연구하라.

성공의 비결은 목적을 향해 초지일관하는 것이다.
— 벤저민 디즈레일리

내 목표에 집중하면서 오늘 당장 실천해야 할 일은?

내적 동기와 외적 동기

심리학자 칙센트 미하이 박사는 내적 동기가 외적 동기보다 성공에 훨씬 더 영향을 미친다는 사실을 미술학교 학생들을 대상으로 확인했다. 미술학교 졸업생들을 대상으로 조사한 결과, 훌륭한 화가가 된 사람들은 대부분 학창시절에 그림 그리는 일 자체에서 순수한 즐거움을 맛본 사람들이었다.

반면, 명성과 부에 대한 욕망 때문에 그림을 그렸던 사람들은 대부분 졸업 후 미술계를 떠났다. 이 연구를 통해 그는 다음과 같은 결론을 내렸다. "화가는 그 무엇보다 그림 그리기를 좋아해야 한다. 만약 캔버스 앞에 선 화가가 자신의 그림이 얼마에 팔릴지, 비평가가 뭐라고 평가할지 등을 고민한다면, 독창적인 행로를 추구하기가 애당초 불가능하다."

아는 것(知)은 좋아하는 것(好)만 못하고,
좋아하는 것은 즐기는 것(樂)만 못하다.
— 공자

앞으로 더 즐거운 마음으로 해야 할 일은 무엇인가?

마당발과 오지랖

"바쁘다 바빠!" 하면서도 정작 자기에게 중요한 일은 소홀히 하는 사람들이 많다. "약방에 감초"처럼 동창회, 친목회, 동호회 등 온갖 모임에 참석하거나 주변의 모든 일에 관여해야 직성이 풀리는 사람들이다. 혼자서 지내는 시간이 너무 많은 것도 문제지만, 혼자 있는 시간이 너무 적은 것은 더 큰 문제다.

어울리는 데 너무 많은 시간을 투자하면 자기만의 일을 찾지 못하고, 혼자 있는 것을 견디지 못하면 자기만의 재능을 계발할 수 없다. 분주한데도 성과가 없고 삶이 너무 복잡하다면, 마당발은 줄이고 오지랖은 좁히자.

강한 사람이란 가장 훌륭하게 고독을 견뎌낸 사람이다.
— 프리드리히 실러

나만의 시간을 확보하기 위해 좁혀야 할 오지랖은?

빼기에 의한 더하기 원리

미켈란젤로의 조각에 감탄하면서 어떤 사람이 물었다. "보잘것없는 돌로 어떻게 이런 훌륭한 작품을 만들어낼 수 있었습니까?" 미켈란 젤로는 이렇게 말했다. "그 형상은 처음부터 화강암 속에 있었죠. 나 는 단지 불필요한 부분만 깎아냈을 뿐입니다." 이 원리는 시간관리에 도 적용할 수 있다.

시간은 모든 사람에게 하루 24시간씩 주어지는 세상에서 가장 공평 한 자원이다. 소중한 일에 쓸 수 있는 시간을 더 많이 만들어낼 수 있 는 유일한 방법은 시간 낭비를 중단하는 것뿐이다. 이것이 바로 시간 관리 전문가, 제프리 메이어가 주장한 빼기에 의한 더하기 원리(Plus by Minus Principle)다.

> 빌 게이츠에게도, 윈스턴 처칠에게도 하루는 24시간이었다.
> 하지만 이들은 남들보다 시간을 적절히 활용한 덕분에 뛰어난 인물이 될 수 있었다.
> ─제프 톰슨

평소 습관적으로 해왔던 일 중 하지 말아야 할 일을 찾아본다면?

독서의 기술

책을 읽을 때, 남의 책을 빌려볼 때처럼 깨끗하게 보는 사람들이 많다. 새겨둘 내용이 눈에 띄면 형광펜으로 색칠을 해두거나 밑줄을 '쭈~욱' 그어놓자. 인상적인 부분이 있으면 별표(★)나 느낌표(!) 등 온갖 부호들을 동원해 느낌의 강도를 확실하게 남겨두자.

이해 안 가는 부분에는 의문부호(?) 등을 표시하고 나중에 다시 읽어보자. 만약 틀렸다고 생각되는 부분이 있으면 과감하게 엑스표(×)를 하고 그보다 더 좋은 대안을 찾아내 여백에 적어두자. 그렇게 하면 남이 쓴 책을 읽는 것이 아니라 공동 저자가 된 자신이 쓴 책을 읽는 기쁨을 맛보게 될 것이다.

생각하지 않고 책을 읽는 것은 음식을 씹지 않고 먹는 것과 같다.
— 에드먼드 버크

책 내용을 내것으로 만들기 위해 나는 어떤 흔적을 남기면서 읽고 있는가?

마음을 다해 대접할 사람

서양 속담에 "부자가 되려면 부자에게 점심을 사라."는 말이 있다. 이 말이 우리에게 주는 교훈은 무엇일까? 지금보다 더 나은 사람이 되고 싶다면 앞서간 사람을 대접하고 그들에게 배우려고 해야 한다는 것이다.

앞서간 사람들을 마음을 다해 대접하면 그들은 우리가 몰랐던 많은 것을 가르쳐준다. 주변에 내가 못한 큰일을 해내거나 잘 나가는 사람이 있으면 한턱 내라고 하지 말고 축하의 뜻으로 점심을 사겠다고 먼저 제안하자.

테니스를 잘 치는 방법에 관한 책을 읽는 것보다
테니스를 잘 치는 사람을 직접 볼 때 더 많은 것을 배운다.
— **티머시 골웨이**

내가 대접하고 배워야 할 앞서간 사람은 누구인가?

269

모델링 3단계

가고자 하는 곳을 가장 쉽게 찾아가는 방법은 그곳에 가본 사람에게 길을 물어보는 것이다. 어떤 분야에서 성공하고 싶다면 그 분야에서 앞서간 사람을 관찰하고 그를 따라 배우면 된다. 이를 심리학에서는 모델링(Modelling)이라고 한다.

모델링은 세 단계를 거친다. 첫 번째는 벤치마킹할 모델을 찾는 '찾아보기' 단계다. 두 번째는 모델에 대해 관찰하고 연구하는 '지켜보기' 단계다. 세 번째는 그의 생각과 태도 및 행동을 모방하는 '따라 하기' 단계다.

우리가 뭔가를 해낼 수 있다는 최고의 증거는
누군가 그 일을 해냈다는 사실을 확인하는 것이다.
— 버트런드 러셀

내가 일하는 분야에서 벤치마킹하고 싶은 모델은 누구인가?

271

일을 대하는 태도

왜 똑같은 일을 하는데 어떤 사람은 평생 그 일을 해도 발전이 없고, 어떤 사람은 일취월장 승승장구해서 큰일을 해내는가? 그건 일에 대한 태도가 다르기 때문이다. 성공의 비밀은 실패한 사람들이 하기 싫어하는 일을 놀이처럼 즐기는 데 있다.

무슨 일을 하건 일을 하면서 재미와 즐거움을 느낄 수 없다면, 그 일은 점점 고달픈 노동이 될 것이다. 당연히 그만큼 스트레스는 가중될 것이고 성공과는 거리가 멀어진다. 행복의 비결은 자신이 좋아하는 일을 하는 것이 아니라, 자기가 하는 일을 좋아하는 것이다.

일할 때 첫 번째 전제는 지루하거나 재미가 없으면 안 된다는 점이다.
무조건 재미있어야 한다.
일할 때 재미가 없다면 당신은 인생을 낭비하고 있는 것이다.
－톰 피터스

지금부터 놀이처럼 즐기면서 해볼 일은 무엇인가?

세상 만물이 나를 돕게 하는 법

부자들은 돈을 대하는 태도가 다르다. 주머니에 돈을 꾸깃꾸깃 넣어 다니지 않는다. 뭐든 소중하게 다뤄야 다시 돌아온다는 것을 알기에 그렇게 한다. 사물이든 사람이든 더 많이, 더 오래도록 함께하고 싶다면 더 귀하게 대하고, 더 소중하게 여겨야 한다.

세상 만물은 자기를 소중하게 여기는 사람에게 흘러 들어가는 법이고, 만물을 소중하게 대해야 만물이 우리를 돕는다. 그래서 크게 이룬 사람들은 도구와 연장을 함부로 다루지 않는다. 그걸 대하는 태도가 일에 대한 자세를 결정하기 때문이다.

인생이 우리를 대하는 태도는
우리가 인생을 대하는 태도에 달려 있다.
—존 맥스웰

그동안 별 생각 없이 함부로 대했던 것 중 더욱 소중하게 대해야
할 것(사람)은?

완벽의 마비

뭐든 너무 완벽하게 하려고 하면 오히려 완벽과 더 멀어진다. 쉽게 지치고 앞으로 나아가지 못하게 된다. 지나치게 잘하려고 해서 오히려 더는 잘할 수 없는 상태를 완벽의 마비(Paralysis of Perfection)라고 한다.

지치지 않는 힘으로 끝까지 해내는 사람은 기준을 조금 낮추고 지나치게 완벽을 추구하지 않는다. 인간의 불완전성을 인정하고 그 일 자체를 즐긴다. 과정을 즐기면서 조금씩 전진한다.

완벽주의는 최고의 자학이다.
— 앤윌슨

최근 진행하고 있는 일 중 적당히 매듭지을 필요가 있는 일은 무엇인가?

~~~~~~
~~~~~~
~~~~~~
~~~~~~
~~~~~~

Today's Review

~~~~~~
~~~~~~
~~~~~~
~~~~~~

성장형 마인드셋

왜 어떤 사람은 미리부터 포기하고, 어떤 사람은 남들이 다 포기하는 일도 끝까지 도전할까? 자신을 바꿀 때도, 누군가를 긍정적으로 변화시킬 때도 쉽게 포기하는 사람이 있는가 하면 포기하지 않고 끝까지 노력하는 사람이 있다. 모두 마인드셋(Mindset)이 다르기 때문이다.

고정형 마인드셋(Fixed Mindset)을 가진 사람은 자신의 자질과 능력뿐 아니라 다른 사람도 바꿀 수 없다고 믿는다. 반면 성장형 마인드셋(Growth Mindset)을 가진 사람은 배움과 노력을 통해 얼마든지 변화와 성장이 가능하다고 믿는다. 우리 자신과 세상은 바꿀 수 있다고 믿을 때 조금씩 더 좋은 쪽으로 발전한다.

할 수 없다고 생각하건 할 수 있다고 생각하건, 당신은 옳다.
— 헨리 포드

지금부터 성장형 마인드셋으로 바라볼 일은 무엇인가?

재능과 소질보다 중요한 것

자기가 할 일은 더 고상한 일인데 하찮은 일만 하고 있다며 투덜거리는 사람들이 있다. 하지만 세상에 하찮은 일은 없다. 다만 하찮게 보는 태도만 있을 뿐이다. 어디서 무슨 일을 하건 고상한 일을 하고 싶다면 반드시 충족해야 할 전제조건이 있다. 고상하지 않다고 생각하는 일을 고상한 태도로 꾸준하게 하는 것이다.

일본의 한큐철도 설립자 고바야시 이치조는 성공 비결에 대해 이렇게 말했다. "신발을 정리하는 일을 맡았다면 세상에서 신발 정리를 가장 잘하는 사람이 돼라. 그러면 세상은 당신을 신발 정리만 하는 심부름꾼으로 놔두지 않을 것이다." 재능과 소질보다 더 중요한 것이 태도다. 작고 하찮은 일과 크고 위대한 성취는 동전의 양면처럼 연결돼 있다.

태도는 사소한 것이지만, 그것이 만드는 차이는 엄청나다.
즉, 어떤 마음가짐을 갖느냐가 어떤 일을 하느냐보다 더 큰 가치를 만들 수 있다.
– 윈스턴 처칠

남들은 하찮게 생각해도 내가 가장 잘한다고 자부할 만한 일은 무엇인가?

마치 ~인 것처럼

자기 자신을 바꿀 수 있는 가장 효과적인 방법은 원하는 자질을 이미 가진 사람처럼 행동하는 '마치 ~인 것처럼 기법(As If Technique)'을 활용하는 것이다. 즐거워지고 싶으면 즐거운 것처럼, 친절한 부모가 되고 싶으면 친절한 부모인 것처럼, 자존감을 높이고 싶다면 자존감이 높은 사람인 것처럼 행동하면 된다.

행동을 바꾸면 그 행동에 따라 생각과 태도가 바뀐다. 열등감에서 벗어나고 싶다면 열등감과 정반대로 행동하라. 매력 있고 자신감 넘치고 행복한 사람처럼 행동하라. 그러다 보면 정말로 자기 자신에게 매력을 느끼게 된다. 행복하게 느껴지고 자신감이 넘친다. 어떤 모습을 원하건 마치 그런 사람인 것처럼 행동하라. 자신이 그런 사람이라고 믿고 행동하면 진짜 그런 사람이 된다.

자신감 있는 것처럼 표정을 지으면 자신감이 생긴다.
―찰스 다윈

오늘은 누구에게 내가 자상하고 친절한 사람인 것처럼 대해볼까?

283

질투

사촌이 땅을 사면

"사촌이 땅을 사면 배가 아프다." "배고픈 건 참아도 배 아픈 건 못 견딘다." 모두 주변 친구나 친지가 잘 되면 견디기 힘들고 어떻게든 그를 깎아내리고 싶은 사람의 마음을 나타내는 말이다. 성공하는 사람과 실패하는 사람은 각기 다른 방식으로 생각하고 다른 방식으로 행동한다.

성공하는 사람은 자기보다 우월한 사람을 보면 그가 가진 장점이 무엇인지 찾아 그것을 배우려고 애쓴다. 그러나 실패하는 사람은 자기보다 우월한 사람은 무조건 시기하고 결점부터 찾는다. 그들은 배우려고 하기보다 상대방을 깎아내리는 데 더 많은 시간과 에너지를 쓴다.

> 어리석은 사람은 친구에게도 배우지 못하지만,
> 지혜로운 사람은 적에게도 많이 배운다.
> — 발타자르 그라시안

평소 은근히 배 아프게 느꼈던 사람에게서 배울 점을 찾아본 다면?

285

대체 불가능한 자원

남다른 삶을 살려면 한 가지 전제조건이 필요하다. 남다르게 생각하고 남다르게 행동해야 한다. 성공한 사람들은 그렇지 못한 사람들과는 다른 방식으로 생각하고 다른 방식으로 일한다.

성공하려면 스스로 누구도 대신할 수 없는 대체 불가능한 자원이 되어야 한다. 그러려면 간간이 자기 자신에게 자문해야 한다. "나는 어떤 점에서 내 주변 사람들과 다르고, 나만의 대체 불가능한 자원은 무엇인가?"

개인이든 조직이든 지속적인 경쟁우위를 가지려면
가치 있고, 모방 불가능하며, 대체 불가능해야 한다.
– J. 바니

나만의 대체 불가능한 자원은 무엇이고, 앞으로 어떻게 더 발전
시킬까?

망각의 기술

미식축구의 영웅 오토 그레이엄에게 훌륭한 패스 리시버가 되기 위해 가장 필요한 자질을 묻자, 그는 이렇게 대답했다. "아주 짧은 기억력입니다." 조금 전 실수를 곧바로 잊고 다시 집중할 수 있는 능력이 공을 차는 기술 못지않게 중요하다며 한 말이다.

나쁜 기억을 오래 간직할 때 최대 피해자는 우리 자신이다. 왜냐하면 우리의 인생은 그 시간만큼 나쁜 생각으로 가득 채워지기 때문이다. 과거의 고통이나 불쾌한 일을 잊어버리는 것, 특히 다른 사람(자녀, 배우자, 부모 등)의 잘못을 '망각하는 기술'은 그 사람을 '사랑하는 기술'보다 훨씬 더 중요하다.

행복의 열쇠 중 하나는
어두운 과거를 잊어버리는 나쁜 기억력이다.
— 리타 메이 브라운

그동안 잊지 못하고 있는 나쁜 일 중 '망각하는 기술'을 발휘해
서 잊어야 할 일은 무엇일까?

불변이론과 증진이론

심리학자들은 사람들이 자신이나 타인에 대해 두 가지 견해를 갖고 있다고 가정한다. 첫 번째는 성격이나 재능이란 타고난 것이며 변화할 수 없다고 생각하는 '불변이론'이다. 두 번째는 성격이나 재능은 갈고닦기 나름이며 노력이나 마음먹기에 따라 얼마든지 계발하고 변화할 수 있다고 믿는 '가변이론' 또는 '증진이론'이다.

불변이론 지지자는 도전정신이 부족해 자신의 고정된 재능에 따라 목표를 정한다. 하지만 가변이론 또는 증진이론 지지자는 그들이 가진 재능보다 높은 목표를 설정하고, 실패했을 때도 좌절하거나 쉽게 포기하지 않는다. 그들은 변화의 가능성을 믿기에 끊임없이 노력하고 해결책을 탐구한다.

그들이 할 수 있는 이유는 그들이 할 수 있다고 생각했기 때문이다.
— 베르길리우스

변화의 가능성을 믿고, 오늘 새롭게 시도해보고 싶은 일은 무엇인가?

개구리와 칠면조

이른 아침, 작은 연못의 통나무 위에서 개구리 다섯 마리가 햇볕을 쬐고 있었다. 그중 한 마리가 소리쳤다. "나는 이 좁은 연못이 싫어. 더 넓은 곳으로 떠날 거야! 너희들도 같이 가자!" 다른 개구리들도 이구동성으로 소리쳤다. "그래 나도 갈 거야!" "나도!" "나도!" 해 질 무렵 통나무 위에는 개구리 몇 마리가 남았을까? 다섯 마리….

추수감사절을 앞두고 열두 마리 칠면조 중 한 마리가 소리쳤다. "이대로 죽을 수는 없어. 우리 모두 자유를 찾아 탈출하자!" "그래!" "좋아!" 추수감사절 다음 날 농장에는 칠면조 몇 마리가 남았을까? 한 마리도 없었다! 왜? 추수감사절에 모두 칠면조구이로 팔렸기 때문이다. 안타깝게도 많은 사람이 개구리처럼 살다 칠면조처럼 죽어간다. 결심하는 것과 실천에 옮기는 것은 다르기 때문이다.

행동하는 사람 2%가 행동하지 않는 사람 98%를 지배한다.
－지그 지글러

결심은 항상 하지만 단 한 번도 실천한 적이 없었던 일은 무엇 인가?

293

시간 불일치 현상

"숙제는 내일 아침에." "새해엔 반드시 금연." "결혼기념일부터는 기필코 다이어트." '내일 아침에 하겠다'는 말에는 '오늘은 절대 공부하지 않겠다'는, '새해부터 금연하겠다'는 말은 '연말까지는 죽어라고 담배를 피우겠다'는, '결혼기념일에 다이어트를 시작하겠다'는 결심은 '그때까지는 배가 터지도록 먹겠다'는 또 다른 표현이다.

지금 하면 좋은데 왜 해야 할 일을 자꾸 뒤로 미루는 걸까? 똑같은 일도 나중에 하면 더 쉬울 거라고 생각하기 때문이다. 설거지도 밥 먹고 바로 하기는 힘들어도 나중에 하면 덜 힘들 것 같다. 지금 하면 잘 안될 것 같은 공부가 내일 아침엔 왠지 더 잘될 것 같다. 이처럼 똑같은 일도 시간적 거리에 따라 실천하기 어렵거나 쉽게 느껴지는 현상을 심리학에서는 시간 불일치 현상(Time Inconsistency)이라고 한다.

우리는 '내일 무엇을 할 것인가'가 아니라 '내일을 위해 오늘 무엇을 할지'를 결정해야 한다.
계획을 성공적으로 실천하려면 계획 속에 어떤 식으로든 오늘을 끼워 넣어야 한다.
─ 피터 드러커

나중으로 미루고 있던 일 중, 오늘 당장 작게라도 시작해야 할 일
은 무엇인가?

295

작동흥분이론

글을 쓰기로 작정하고 책상에 앉았지만, 머릿속에 장벽이 있는 것처럼 도저히 글을 쓸 수 없는 상황을 작가의 장벽(Writer's Block)이라고 한다. 이 벽은 글을 쓸 수 없기 때문이 아니라 감동적인 글을 쓸 수 없을 것 같은 두려움 때문에 생긴다. 이 장벽을 제거할 수 있는 가장 좋은 방법은 일단 한 문장을 쓰는 것이다.

할 일을 미루면서 의욕이 나지 않기 때문이라고 말하는 사람이 많지만, 이는 심리학적으로 틀린 설명이다. 의욕이 없어 시작을 못 하는 게 아니라 시작하지 않았기 때문에 의욕이 생기지 않는 것이다. 하기 싫은 일도 일단 시작하면 그것이 흥분을 유발해 그 일을 계속하게 만드는 현상을 작동흥분이론(Work Excitement Theory)이라고 한다.

시작하기 위해 위대해질 필요는 없지만
위대해지려면 시작해야 한다.
— 지그 지글러

엄두가 안 나 못하고 있던 일 중 일단 시작해볼 일이 있다면?

재능

꾸준함의 힘

누군가 창작 활동의 비결이 뭐냐고 질문하자 헤밍웨이는 이렇게 대답했다. "여하튼 매일 정해진 시간에 책상에 앉는 것이다." 미국 저널리스트 진 파울러는 이렇게 말했다. "글쓰기는 참 쉽다. 백지를 노려보기만 하면 된다. 이마에 핏방울이 맺힐 때까지…."

이 두 사람의 말을 합해서 한 문장으로 만들면 이렇게 된다. "글쓰기는 참 쉽다. 여하튼 매일 정해진 시간에 책상에 앉아 이마에 핏방울이 맺힐 때까지 백지를 노려보기만 하면 된다." 뉴턴에게 누군가 어떻게 그 많은 발견을 해낼 수 있었는지 물었다. 그러자 그는 "그걸 늘 생각하고 있었기 때문"이라고 답했다. 세상에 꾸준함보다 더 나은 재능은 없다.

지지지중지 행행행중성(之之之中知 行行行中成),
가고 가고 또 가다 보면 알게 되고, 행하고 행하고 또 행하다 보면 이루게 된다.
—《예기》

298

지금까지 내가 매일 꾸준히 하고 있는 것은 무엇이며, 앞으로 꾸준히 하고 싶은 일은 무엇인가?

핑계와 이유

지금까지의 삶이 만족스럽지 않다면, 지금까지 왜 그렇게 살아왔는지 그 이유를 먼저 찾아봐야 한다. 뭔가를 원하면서도 제대로 실천하지 못하는 사람들, 그래서 원하는 것을 얻지 못하는 사람들, 그들에게는 실천할 수 없는 오만 가지의 핑계들이 있다.

하지만 일단 결심하면 포기하지 않고 끝까지 결심을 실천하는 사람들, 그래서 성공적인 삶을 살아가는 사람들은 다르다. 그들은 실패하는 사람들이 '할 수 없는 수많은 핑계'들을 찾고 있을 때, '해야만 하는 한 가지 절실한 이유'를 찾아낸다.

정말 하고 싶은 일이 있으면 방법을 찾을 것이다.
그렇지 않다면 핑계를 찾을 것이다.
－짐 론

반드시 실천하고 싶은 일은 무엇이고, 실천할 수밖에 없는 나만
의 절실한 이유는 무엇인가?

빅토르 위고가 옷을 몽땅 벗은 이유

소설 《레미제라블》의 저자 빅토르 위고는 한동안 방탕한 생활을 하느라 글을 쓰지 못했다. 의지력만으로는 수많은 유혹을 뿌리치지 못했다. 그러던 어느 날 놀고 싶은 유혹을 뿌리칠 수 있는 지렛대 하나를 찾아냈다. 글방으로 간 그는 자기가 입고 있던 옷을 몽땅 벗어 하인에게 주면서 해가 질 때까지 절대 옷을 가져오지 말라고 명령했다. 글을 쓸 수밖에 없는 상황을 만들어서 놀고 싶은 유혹을 미리 차단한 것이다.

박테리아에서 인간에 이르기까지 모든 생물체는 자극의 영향을 받는다. 우리 자신을 통제하려면 먼저 우리를 통제하고 있는 상황의 힘을 인정하고 그 상황의 힘을 역이용해야 한다. 환경의 힘을 이용해 결심을 실천할 수밖에 없도록 자신을 속박하는 방법을 심리학에서는 가두리 기법(Enclosure Technique)이라고 한다.

실천력이 뛰어난 사람은
행동에 지대한 영향을 주는 상황의 힘을 무시하지 않는다.
– 스티브 레빈슨

나 자신을 통제하기 위해 내가 쓸 수 있는 가두리 기법은 무엇
인가?

교학상장

1년에 책을 몇 권씩 출간하는 필력 좋은 작가 한 명은 이렇게 말했다. "저는 알고 싶은 분야가 있으면 그것을 주제로 책을 씁니다. 글을 쓰려면 어쩔 수 없이 그 주제를 깊게 공부해야 하기 때문입니다." 알기 때문에 책을 쓰는 것이 아니라 책을 쓰다 보면 알게 된다는 발상이다.

유교 경전 《예기禮記》에 '교학상장(教學相長)'이라는 말이 있다. 가르치고 배우면서 서로 성장한다는 말이다. 뭔가를 잘 배울 수 있는 가장 좋은 방법은 잘하고 싶은 것을 남에게 가르쳐주는 것이다. 다이어트에 성공하고 싶은가? 다이어트 성공 비결을 가르쳐라. 실천력을 기르고 싶은가? 실천 비법을 가르쳐라. 그러면 어쩔 수 없이 잘하게 된다.

> 허리를 굽혀 다른 이들이 일어서도록 도와주려면,
> 자신도 일어설 수밖에 없다.
> ─ 로버트 이안 시모어

더 깊게 알고 더 많이 배우기 위해 사람들에게 가르쳐주고 싶은
일이 있다면?

같은 방법을 반복하면

허구헌 날 여자를 쫓아다녀도 한 번도 연애에 성공하지 못하는 남자들이 있다. 새벽부터 밤늦게까지 뼈빠지게 일만 하는데도 평생 가난에서 벗어나지 못하는 사람도 부지기수다. 밤새워 공부하는데도 성적을 올리지 못하는 학생도 많다. 이들에게는 한 가지 공통점이 있다. 비효과적인 방법을 반복한다는 것이다.

슬프게도 정말 많은 사람이 성과가 오르지 않는데도 지금까지 해왔던 방법을 반복한다. 성과를 올리기 위해 더 열심히 반복한다. 때로는 강도를 높여서 더 열심히 한다. 그러나 차별화된 소수 성공한 사람들은 다르다. 그들은 성과가 오르지 않으면 새로운 방법을 찾아본다. 성공하는 사람과 실패하는 사람은 해결책의 범위와 해결하는 방법이 다르다.

> 같은 방법을 반복하고도
> 다른 결과를 기대하는 사람은 정신병자다.
> ― 아인슈타인

성과가 오르지 않는데도 지금까지 해왔던 방법을 반복하고 있는
일은 무엇인가?

307

1%에 속한 사람들의 선택

일본의 저명한 경영컨설턴트인 간다 마사노리는 이렇게 말했다. "99%의 사람들은 현재를 보면서 미래가 어떻게 될지를 예측하고, 1%의 사람만이 미래를 내다보며 지금 어떻게 행동해야 할지 생각한다. 당연히 후자에 속하는 1%의 사람만이 성공한다."

실패하는 사람들은 현재의 관점에서 선택하고, 성공한 사람들은 미래의 관점에서 선택한다. 그러므로 성공하는 것은 의외로 간단하다. 미래 시점에서 역산해서 현재 행동을 선택하는 습관을 갖는 것이다.

우리 사회에서 가장 성공한 사람은 10년, 20년 후의 미래를 생각하는
장기적인 전망을 가진 사람들이다.
– 에드워드 밴필드

미래 시점에서 봤을 때 오늘 반드시 해야 할 작은 일 한 가지는?

그림을 그리지 못했던 이유

초등학교 시절 미술 시간에 구부러진 길에 서 있는 가로수를 그리느라 애를 많이 먹은 적이 있다. 도저히 똑바로 그릴 수가 없었다. 내 그림을 보신 선생님이 이렇게 말씀하셨다. "제대로 그리지 못하는 것은 제대로 관찰하지 않았기 때문이다. 충분히 관찰해라. 그런 다음 다시 그려봐라."

정말 맞는 말씀이었다. 나는 오랜 시간 관찰한 후에야 가로수를 제대로 그릴 수 있었다. 그림을 제대로 그리려면 그 대상을 충분히 관찰해야 하듯이 뭐든 제대로 해내려면 인내심을 갖고 충분히 관찰하고 생각할 시간을 가져야 한다.

내가 만일 가치 있는 발견을 한 것이 있다면
다른 능력이 있어서라기보다는 참을성 있게 관찰한 덕분이다.
─ 뉴턴

좀 더 인내심을 갖고 깊이 관찰해야 할 것은 무엇인가?

다람쥐는 참새를 부러워하지 않는다

경주에서 거북이가 토끼를 이긴 이유는 무엇일까? 흔히 토끼가 낮잠을 잤기 때문이라고 한다. 하지만 조금 다른 관점에서 생각해보자. 나는 거북이가 토끼를 이긴 진짜 이유는 다른 데 있다고 본다. 토끼는 거북이를 경쟁자로 여기고 경주에 임했지만, 거북이는 토끼를 의식하지 않고 자기만의 길을 느긋하게 갔기 때문이다.

만약 거북이가 토끼를 경쟁자로 의식했다면 애당초 그 게임에 참여하지 않았을 것이다. 달팽이는 치타처럼 빨리 달리지 못한다고 좌절하지 않는다. 다람쥐는 하늘을 나는 참새를 부러워하지 않는다. 모두 각자의 모습과 자기 방식대로 자기만의 삶을 즐길 뿐이다. 자신을 남과 비교하지 마라. 자신을 모욕하는 것이다. 정 비교하고 싶다면 어제의 나와 비교하라.

유일하게 나쁘지 않은 비교는
자기 자신이 목표했던 자기 모습과 현재 자기 모습 사이의 비교이다.
ㅡ 숀 코비

남을 의식하지 않고 나만의 속도로 가야 할 목표는 무엇인가?

~~~~~~

~~~~~~

~~~~~~

~~~~~~

~~~~~~

~~~~~~

Today's Review

~~~~~~

~~~~~~

~~~~~~

~~~~~~

~~~~~~

한가함은 훔치는 것, 망중투한

나무를 많이 베려면 톱날 갈 시간을 따로 내야 하고, 멜로디를 만들려면 음과 음 사이에 쉼표를 찍어야 한다. 음과 음 사이에 쉼표가 없으면 소음이 된다.

망중투한(忙中偸閑), 바쁜 중에도 한가함을 훔쳐야 한다는 말이다. 여기서 핵심은 '훔쳐야 한다'는 말에 있다. 휴식은 시간이 날 때 취하는 것이 아니라 전략적으로 선택해야 한다.

일이 풀리지 않으면 잠시 멈추고 휴식을 취하라.
그러면 어느 순간 우리 뇌는 그 답을 찾아낸다.
― 이민규

하고 있는 일을 더 잘하기 위해 오늘은 어떻게 쉼표를 찍어볼까?

여전히 가능성은 남아있다

인간관계든 비즈니스든, 할 만큼 했기에 더는 어떻게 해볼 수 없어서 포기하고 싶을 때가 있다. 여기까지가 한계라고 생각될 때 반드시 명심해야 할 점 한 가지가 있다. 모든 가능성을 다 시도해봤다 할지라도, 여전히 우리가 아직 시도하지 못한 방법이 남아있다는 사실이다.

새로운 해결책을 찾아 계속 시도하다 보면 '이 상태'에서 '저 상태'로 갑자기 바뀌는 순간이 나타난다. 이것을 임계점(Critical Point)이라고 한다. 나는 내가 준비하고 초대 소장으로 부임한 아주대학교 부설 아주심리상담센터 입구에 이런 격문을 붙였다.

"모든 가능성을 다 시도해봤을 때조차도 여전히 가능성은 남아있다."

절대 포기하면 안 되는 경우가 두 가지 있다.
첫째, '포기하고 싶을 때' 둘째, '포기하고 싶지 않을 때'
– 그레그 S. 레이드

오랫동안 계속하고 있지만 성과가 잘 보이지 않는 일에, 지금까지와는 달리 새롭게 시도해볼 방법은 무엇일까?

~~~~~~

~~~~~~

~~~~~~

~~~~~~

~~~~~~

Today's Review

~~~~~~

~~~~~~

~~~~~~

~~~~~~

~~~~~~

위대한 성취에는 작은 시작점이 있다

간간이 하던 일을 멈추고 던진 질문 하나로 일에 대한 태도가 달라지고, 일에 대한 태도가 달라지면 성과가 달라진다. 집에 들어가기 전에 잠깐 멈추고 던진 질문 하나로 집안 분위기가 달라진다. 집안 분위기가 달라지면 가족들의 행복지수가 달라지고, 그들이 하는 일과 다른 사람을 대하는 태도가 달라진다.

산책하면서 던진 질문 덕분에 자연과 세상을 대하는 자세가 달라지고 자세가 달라지면 삶의 질이 달라진다. 하루를 시작하면서 던진 아침 질문 하나가 그날 하루를 바꾸고 하루하루가 바뀌면 인생이 바뀐다. 자기 자신에게 던지는 질문 하나, 어찌 보면 작고 사소한 일이다. 하지만 이 작은 질문이 얼마나 큰일로 이어질지는 아무도 모른다.

브리티시 콜롬비아대학교 물리학자 화이트헤드 박사는 크기가 1.5배씩 커지는 13개의 도미노를 제작해서 일렬로 세웠다. 그리고 도미노가 쓰러지면서 만들어내는 힘을 측정했다. 첫 번째 도미노가 쓰러질 때 방출한 힘의 크기는 0.0242마이크로줄(micro joule)에 불과했다. 하지만 열세 번째 도미노가 쓰러질 때 힘의 크기는 51줄이나 되었다. 첫 번째 도미노보다 무려 20억 배나 큰 힘이다. 도미노가 순차적으로 쓰러지면서 힘의 양이 점차 증폭되었기 때문이다.

질문도 마찬가지다. 처음에는 아무 변화도 느끼지 못할지 모른다. 하지만 질문을 거듭하면서 그 위력은 조금씩 커지고, 어느 순간 달라진 모습에 여러분 자신이 가장 먼저 놀라게 될 것이다. 세상의 모든 위대한 성취에는 작은 시작점이 있다. 여러분은 이 책을 다 읽었다. 위대한 성취의 시작점을 찍었다. 이제 여러분의 인생에 도미노 효과가 일어나기 시작할 것이다.

가장 중요한 것은
질문을 멈추지 않는 것이다.

– 아인슈타인